JINGJIN

JISHUPAI QINGNIAN LÜSHI
DE
CHENGZHANG ZHIDAO

精进

技术派青年律师的成长之道

熊震　吴皓／著

法律出版社 LAW PRESS · CHINA
北京

图书在版编目(CIP)数据

精进:技术派青年律师的成长之道 / 熊震,吴皓著
.-- 北京:法律出版社,2022
ISBN 978-7-5197-7109-6

Ⅰ.①精… Ⅱ.①熊… ②吴… Ⅲ.①律师—工作—
中国 Ⅳ.① D926.5

中国版本图书馆 CIP 数据核字(2022)第 169914 号

精进:技术派青年律师的成长之道
JINGJIN: JISHUPAI QINGNIAN LÜSHI DE CHENGZHANG ZHIDAO

熊 震
吴 皓 著

责任编辑 李 群 陈 熙
装帧设计 汪奇峰 臧晓飞

出版发行 法律出版社
编辑统筹 法规出版分社
责任校对 晁明慧
责任印制 耿润瑜
经 销 新华书店

开本 A5
印张 10.5 **字数** 235 千
版本 2022 年 11 月第 1 版
印次 2022 年 11 月第 1 次印刷
印刷 三河市兴达印务有限公司

地址:北京市丰台区莲花池西里 7 号(100073)
网址:www.lawpress.com.cn
投稿邮箱:info@lawpress.com.cn
举报盗版邮箱:jbwq@lawpress.com.cn
销售电话:010-83938349
客服电话:010-83938350
咨询电话:010-63939796

书号:ISBN 978-7-5197-7109-6
定价:58.00 元
凡购买本社图书,如有印装错误,我社负责退换。电话:010-83938349

新时代律师学习的方法论[①]

关于这个时代、这个行业律师学习的方法论，我想有三个方面值得讨论：专业学习、思维学习、工具学习。

第一，专业学习。

现在很多律师对专业学习心驰神往，不停补充专业知识。我非常认同律师应当深耕专业，但不赞同大家把职业发展全部重心放在专业学习上；尤其一定年级以上的律师，我觉得应该克制专业学习。

因为不同客户群体对律师专业知识的需求不同，要避免“用高射

① 罗毅，大成律师事务所合伙人，比例线股权创始人。

炮打蚊子”。比如我们团队做股权法律服务，目前主要面向中小微企业、创业公司，这种体量的客户在国内超过3000万家，其中90%以上的企业可能活不过2.9年。他们对法律服务的需求，不会特别疑难复杂——因为还没到那阶段；他们可能需要律师帮忙解决出资问题，或公司发展过程中股权架构动态调整等基础问题。

在这个市场定位中，意味着我们对股权专业知识的学习可能就不需要那么多，当我们的专业知识储备达到能够覆盖这部分服务需求的时候，可以抽出20%—30%的时间，来学习一下其他东西，比如思维、工具。

因为律师专业学习积累到一定阶段，很容易遇到“瓶颈”。就像过去，我的业务营收在100万元上下浮动了好多年没有突破的时候，我发现我的认知模型、商业模式都需要改变；那时候我只是单纯地把小时单卖得越来越贵，从1000元/小时到1500元/小时、2000元/小时，但这样的增长没有本质差别，因为我每天只有24小时，再除去休息、睡觉、陪伴家人的时间，我能够出售的有效工作时间永远存在上限。

第二，思维学习。

现在有很多关于思维学习的课程，比如得到大学、混沌大学、大鱼私享会……它们有什么作用？它们可能没法立竿见影地给你提供直接套利赚钱的方法，但它们有可能改变我们的认知，进而让我们改变商业模式，改变工作状态。

比如我从前一个人单挑全世界，出售自己有限的工作时间。到现在团队协作，有知识管理分工，有标准流程的法律产品输出，有品牌（股加、比例线）定位，做了股加私塾在全国各大城市开课，做了城市合伙人计划与志同道合的律师朋友共同发展……这些都基于我的思维认知升级，让我从手工作坊进化到机械设施生产，从农耕时代变革到工业时代。

第三，工具学习。

由于上述思维认知转变，我们团队开始做知识管理、研发标准法律产品、进行项目分工协作；这些工序不仅是传统律师个人业务文本的积累，还需要依托工具来构建整个团队运作体系。我们使用Tower、印象笔记、法蝉、法天使等工具帮助我们实现项目配合推进，提升工作效率，沉淀知识成果，甚至带来品牌增益。

说到这，我想表达一个核心观点：青年律师或者成熟律师，在学习积累与职业实践中，除了关注法律专业知识外，应该更克制一点、更有全局视野一些，分配出20%—30%的时间去关注思维、工具方面的学习；这些看似与律师执业不相关的知识技能，恰恰是我们参与到当今时代、迅速变革的行业竞争中的重要因素。

以上三点律师学习的方法论，其实是我看到一位律师关于律师发展的朋友圈，有感而发的一些思考、归纳总结。恰好吴皓说他与熊震写了本书，把预览文稿发过来，邀请我写推荐序。通读内容后我发现，其中很多篇文章，正是我上文所说律师应当关注“思维学习、工具学习”的践行与诠释。

熊震与吴皓写的内容，涉及青年律师“职业选择、职业发展、职业技能”三部分，前两部分是两位作者结合自己在律师行业的亲身经历，进行思考和归纳得出的一些建议或体会，真实反映了青年律师在行业中发展的生活状态与内心踌躇，对准备进入行业或刚进入行业的青年律师，会比较有参考价值。

第三部分“职业技能”，没有过多探讨具体法律专业知识——其实这类内容在市面上非常富集，各类针对律师专业知识的培训、讲座、音频、书籍等非常多，很容易获取。反而两位作者分享的是：如何利用新媒体/朋友圈营销，如何设计法律服务收费/报价方案，如何利用清单思维提供法律服务、提升客户体验，如何利用项目管理工具进行团队协作、提高工作效率……这些内容，是当前业内比较稀缺的。

专业当然是律师生存的根本，但面对新时代的行业市场变革，青年律师更需要守正出奇。这本书很好地填补了我所言律师学习的三条方法论中“工具学习、思维学习”在内容市场上的空白点，相信能够给大家带来启发和收获，值得一读。

前言之一 · 道阻且长，溯洄从之

为什么做律师？怎么做律师？怎么做好律师？我认为这三个问题是围绕青年律师执业过程中的终极“保安三问”，也是我作为一名中小城市青年律师经常自我考问的三个问题（严格来说是小城市青年律师）。由于我对这三个问题经常性的困于思、衡于虑，而又没有特别针对性的书籍，所以记录自己的所思所想，并和更多的同样处境的中小城市青年律师进行交流便成了写作本书的动力之所在。我主要是从自己的执业思考和体验出发，聚焦于中小城市青年律师的生活状态、职业规划和执业技巧三个部分进行写作，同时也是我个人执业以来的一个阶段性总结。

第一个部分，主要关于中小城市青年律师的生活状态。为什么做律师？中小城市青年律师真实的生活状态又是什么样子？我们面临怎样的竞争形势？新的竞争形势下青年律师的发展路径又应该做怎样的调整？我们应该怎样选择执业的城市和律所？一直沉默奋斗的我们又承担着怎样的物质压力和精神压力？这一部分是我写得很快的一个部分，因为想说的很多，所以落笔也快。青年律师的成长之路恰如少有人行的一径长途，又常见喜怒哀乐的世间万事，在一路的孤独前行中也是冷暖自知。当然，与自己、与诸君笔谈的过程也是一个自我反思的过程。我发现选择其实不分对错，不过是选择后的结果好则遗憾、坏则后悔罢了。念叨着向死而生的吾辈，期望着把自己推向更远的远方，不过是力求在我们人生的可能性和可行性间取得一个微小但对自己很重要的平衡。于是，为了初心，作为青年律师的我们开始变得沉默，日益相信行胜于言，沉默地日拱一卒。面对律师行业新的竞争形势，我们也许会有“事倍功半”的负面情绪，但更多的是坚定的“有所想必有所为”和道阻且长不妨溯洄从之的乐观。于是，我们开始冷静地面对竞争，分析形势，用自己作为参照坐标系，权衡后理智地选择安身的城市、从业的律所。我们开始默默承受执业初期存在的物质压力和精神压力，承受青年律师成长和初入社会的种种困境，并努力从中挣脱。我相信，很多同样处境的青年律师是和我一样默默地承受、默默地努力，直到有一天豁然开朗，然后开始下一段的徒步天涯，荒草成原。

第二个部分，主要关于中小城市青年律师的职业规划。有了做律师的初心之后，我们应该怎样理解和定位律师这一职业？我们应该如何修行成长，又该如何自我磨炼？我们的职业生涯又面临怎样的趋势？我们在大的格局上应该如何规划自己的职业生涯？作为中小城市特别是小城市的律师，我们又应该如何在新的竞争形势下规划自己的职业路径，沉着冷静地参与竞争？第二个部分是我很关心的职业思路，因为只有知道去向何方，才知道哪些风是顺风，哪些风是逆风。我们只有正确理解律师的职业性质，把握律师的执业特点，才能使自己的职业生涯久远。在开放性的律师行业发展中，只有清晰、有弹性的规划，才能指引我们一路跬步向前，也才能使我们有所取舍，做到“途有所不由，军有所不击，城有所不攻，地有所不争”。在日益充分的竞争中，有所取舍才能更好地树立自己的竞争门槛，加强自己的竞争力。

第三个部分，主要关于中小城市青年律师的执业技巧。法律人的明天正在到来之际，在现在的竞争趋势下我们又如何在执业过程中一点点优化自己的执业技巧，通过不断试错和打补丁来让自己不断自我成长？小到我们是否应该发名片、接电话咨询以及如何通过微信和微信公众号进行营销，大到如何在接案前设计接案流程并规范提供书面咨询报告和收费方案乃至进行非诉事务和开展公益讲座，都是我在执业过程中不断试错下的一些思考所得。通过总结自己的执业技巧，并坦率地把一些观点如实写出，希望能给大家一些参考。

青年律师的执业和成长并不容易，甚至可以说很艰难，作为一名在小城市执业的青年律师，我尝试在本书中记录我对律师行业终极“保安三问”的回答和尝试。我的观点可能是对的，也可能是错的，但真实的记录本就是一种力量，只要能给和我处于同样处境的中小城市青年律师的职业思考起到一定的参考作用，那么写作本书的目的就达到了。也许道阻且长，但是愿与诸君一同溯洄从之。

熊震

2022年4月2日于丽江

前言之二 · 道阻且长，上下求索

我曾经写过《律师之道，道阻且长》这篇个人微信公众号推文，彼时刚参加了昆明市申请律师执业人员集中培训班，授课老师都是法律行业前辈，各有风采；讲授内容涉及法律思维、执业风险、司法环境、律师信仰、勤勉学习等方面，在深受启发的同时，也让我认知到律师职业的曲折与高度，高山景行，故有此文。

此时再看那篇文章，终究停留在听闻感想而已，现在有些观点被验证，有些则发现是另外一回事。当时写下“律师之道，道阻且长，有时候很无奈，有时候很绝望，既然上路了，只能走着瞧”，是因为听了前辈讲授，觉得干律师不容易，需要考虑、注意、学习、克服的问题太多。现在觉得彼时对困难的认知还不到位，真正干了几年，发现律师职业比想象中更不容易，路途比想象中更漫长；而值得欣慰的是，我们历经上下求索，终究走过了这几年，而且觉得有所增益，可以进行一次小结。

熊震与我合撰本书，有两点意图。

第一，是为了自我宣传，以文会友。因为我们定位的读者，是跟我们差不多，准备入行或有两三年行业经验的青年律师。大家在成长过程中，想必也会产生类似思路，即通过各种各样的积累输出（文字书稿、社会活动、经典案例、讲座分享等）来提升自己的品牌和影响力，而写作对于青年律师而言，是成本极低而回馈较好的一种选择。我们将自己的所思所想，通过文字固定在纸质或电子媒体，只需要集中投入一次时间，就可以长期持续地与每位读者进行交流，让读者知道我们的观点、个性、能力。如果能够产生共鸣或有些许启发，无疑又多一位志同道合或认可我们的朋友，在宽广的时空中，大家将来可能产生无限的合作机会。

第二，是为了分享经验，也给自己一个里程碑。我与熊震研究生同在沈寿文老师门下，毕业后，他在丽江执业，我在昆明。虽然面对的律所模式、市场环境不同，但我们都是偏技术派律师的路线，所以在入行前两年就彼此有些交流，但也不频繁。因为青年律师前几年状态，应该说比较“忙乱”，在大量体验、接触、学习中度过，都在埋头拉车，缺少抬头看路。刚好借合撰此书，我们有机会将过往旅程进行系统梳理，整装再发。

关于这本书的主旨立意，也是两人在着手撰稿、沟通碰撞的过程中逐渐明确：我们在不同的行业环境中走过，积累了各自不同的生存策略、战术打法；而律师同行的交流其实相对缺乏，尤其在西南二三线城市，青年律师能够获取信息的渠道相对有限；我们在行业内的发展模式经过实践验证可行，而又怀着同为年轻人的直率莽撞，不讳道出自己的真实经验和想法，更能够输出一些干货。

律师之道，道阻且长；上下求索，需要坚持，更需要思路方法。我们不惜投入大量时间精力整理文稿、图表、业务资料而成此书，某些个性化的东西不一定具有普遍参考价值，但也倾尽我们所能呈现出来。如果某篇文章或某段字句，能够给正在阅读本书的朋友带来些许启发，则吾心甚慰。

吴皓

2022年4月2日于昆明

CONTENTS

目　录

第一部分　一径长途、冷暖自知

第二部分 心有定计、跬步向前

第三部分 技术立身、工具增效

第一部分　一径长途、冷暖自知

想清楚这几点再决定做律师

随着成长和步入社会，我深知自己的平凡和普通，也深知在步入社会后生存的不易和艰辛。而毕业时作为一个学习了七年法律的年轻人，在新到来的最难就业季中我想到的便是尽量让自己有一些优势，而在激烈的竞争中我略有优势的职业选择便是考公务员和做律师。对于两个职业的选择我也有一段比较长的迷茫期，先后考了两次省考都是笔试第一，但每次在面试资格复审时总是万分犹豫却又坚定地选择了放弃。最后一次放弃后，我终于确认，至少对于现在的我来说，相比安稳，更想要体验和尝试。

我也认真地想了想选择做律师过上一种相对不稳定生活的理由：

首先，高效地燃烧生命。

我喜欢高效率地研究和解决问题，不喜欢坐班和做无效率的事情。律师的工作能满足我不断思考、不断实践想法的需求，因为我一直认为最大的乐趣就是将自己的思考付诸实践。在生活中顺其自然也是件很好的事情，比如法学生工作，继续研究案例和法律打交道一样，能够继续做习惯做的事情并尽量做出一个可控的、理性的结果确实是一件让人感觉轻松愉快的事情。律师虽然一直在法律服务市场中是乙方，但是有很多个“老板”也是律师作为万年乙方的一个优点——也即拥有开掉个别“老板”的权利和底气并因之让我自我感觉良好（虽然极少发生，实际在执业中初步磋商时就该避开那些难以服务的甲方，或者说不会让他成为自己的甲方）。不仅如此，其实我内心深处有一种比较幼稚的想法，就是律师总能在各种处境、各种角色下尽量选择最优办法解决问题，是很厉害的人。或者说，年轻人幼稚的个人英雄主义仍然在内心某个角落蠢蠢欲动、悄悄施展着影响。

其次，自由地寻找可能。

律师作为一种半自由职业，随时可以出发体验其他生活的选择权让我感觉良好。当然，我们总是担心一眼到头的人生，相信人生有很多的可能性，可能是向往个性和自由的年轻人很容易受“被动性收入”和“财务自由”这两种概念的影响，毕竟能够选择自己喜欢的生活，避免无可奈何的日子，确实很让人动心。而律师这一职业可以让我相对稳妥地去拓展人生的可能性，也就是职业中稳定和探索的比例相对平衡，自己总有不停做选择的机会（不得不面对的挑战），所以律师这个“半个创业者”的身份让我可以相对良性的不断改变和不断试错（无论是精神状态还是物质待遇，我觉得律师都至少是“半个创业者”）。当然，工作后发现律师也和其他职业一样普普通通，七分平常两分负能量一分喜悦，没有特别的诗酒天涯和放飞自我，有的只是勤勤恳恳的案牍劳形和尽心尽力的四处奔波。不过对于“少有斗智，无财作力，既饶争时”这句话，从事律师职业还是有些践行上的优势的。一方面，律师在从业过程中往往可以接触商业项目的运作和决策，能够快速地提高自身的综合素质（同时提高的还有远高于普通人的风险意识和日益无可救药的强迫症）；另一方面，律师在做好自身业务的基础上可以逐步探索一些感兴趣的领域和项目，特别是我发现如果律师能适度的团队化和让渡部分利益，还是能争取一些个人的自由时间用于尝试新的事物和调整工作生活模式。

最后，自信地迎接未来。

作为一名小城市新律师，自执业以来我切身感受到《中国律师的尴尬与希望》一文中种种的尴尬和希望，也逐渐尝到了该文提到的种种酸甜苦辣和百感交集，也越来越相信“做律师不要低估十年后的积累，不要高估三年内的成就”这句话。作为一个花了很多时间学习法律的个体，看到和亲身参与法律在现实生活中的实践其实也是期待已久的理想，所以我在执业初期前两年的惨淡中也是斗志昂扬、越挫越奋。而且在执业过程中我很感性地感受到法律人的明天正在到来，新的浪潮的冲击其实已经到来，我们将有幸近距离观察和亲身经历这一场变革，与之而来的迷茫和希望也让我觉得未来的生活会很有意思。

那么，什么样的人适合做律师？“想成为律师的人，就适合做律师”，这一观点是很有道理的，因为律师是指通过法律职业资格考试并依法取得律师执业证书，接受委托或者指定，为当事人提供法律服务的执业人员。那么，在满足通过考试、取得执业证这两个硬标准外，律师的类型没有明确的标准，充满了各种可能性和可行性，一千名律师也许就有一千种的律师类型，所以我们不能单以某种律师类型所需要的要求来评判一个人是否适合做律师。在硬标准满足的条件下，反而是想要做律师才是适合做律师的前提条件，至于做律师之后是否越来越合适，这就取决于能否在现实压力和自我初心中找到平衡，过上自己喜欢的律师生活。

对于“我真的适合做律师吗”，我认为无论外表如何强大、坚定、光鲜，大家在律师路上都会不断自我考问、辗转反侧（不止是在夜深人静时）。自我怀疑和自我否定在成长道路上是无法避免的，每一次的自我怀疑和自我否定都是一次对内心的锤炼。我相信这并不是一个需要向别人寻求答案的问题，自我怀疑、自我考问、自我否定也许常有，但只要第二天你还在认真负责地办理案件，只要你还在尝试如何让自己能更好地执业，只要你还在把“给自己一个交代”置于“给当事人一个交代”之前，那么我相信你就知道自己内心的答案。

（熊震）

什么样的人适合做律师？我为什么要做律师？我真的适合做律师吗？三个问题其实指向律师职业的不同阶段，是我自己面临过的困惑、纠结和恐慌，同时我也通过信息收集、自我反思，观察业内优秀同行并寻找机会与之交流学习，找到了一些答案和路径，在这里分享出来，希望对大家有所参考。

纠结第一个问题时我还在犹豫和试探阶段，想找一些理由来说服自己做抉择；思考第二个问题时是回到初心的阶段，已经把适不适合这些问题抛在脑后，转而产生对自己在行业内发展的期许；考量第三个问题时我处于开始反思、质疑的阶段，因为“我心目中的律师工作”与“真实的律师工作”产生了落差，让我不禁怀疑自己是否适合律师这个行当。经历了一段时间的纠结、低落后，又转回第二个问题，即什么是自己的初心，重新考量目前自己的状态和面临的困境，冷静下来，思索突破的路径；在此过程中，对于第一个问题，我也有了新的认知。

三个问题很可能伴随个人律师职业发展循环往复，所以我们按照问题出现的顺序：

先谈第一个问题，我为什么要做律师？

我并非法学科班出身，本科专业是理工科，研究生才考到法学院，切换专业的原因很简单：其一，不希望自己的职业存在天花板，数学的薄弱和云南的工业环境很可能制约我的发展；其二，希望从事有一定准入门槛的行业，提升竞争力，虽然现在律师人数每年都在大幅增长，但相较于大部分不存在资质要求或资质相对容易取得的行业，能够通过法律资格考试进入律师行业的人依旧是少数。

同时，律师还是一个相对充分的商业竞争行业，这意味着：第一，我将时刻面临挑战和压力，在高强度的业务实践中提升综合能力（专业知识、业务经验、谈判沟通等），实现快速成长。第二，我将拥有多维度的评价体系（客户评价、专业度评价、同行评价、上级评价），对于接受的具体业务和办理方式拥有一定的自由度，能充分在自己的擅长领域发挥并获取相应的价值回报，而不会仅仅因为单方面因素（如上级评价、关系渠道等，这只是部分评价标准）而影响我的发展。第三，我将获得独立的商业生存能力，律师的生产、销售、品牌可以完全建立在个人层面，而不是必须依附于一个平台或单位（但团队作战、公司制律所是一种趋势，下文会另外讨论），这意味着对职业的充分选择权利，意味着一种“自由”。

最后，律师职业能提供给我尽情发挥的舞台，满足了我自我实现的需求。律师职业外表光鲜，其实背后工作强度很大，遇到大的项目少不了“007”（每周工作七天，每天工作到凌晨），业务少的时候又焦躁失眠。如此恶劣的生存环境，支撑我坚持下来的，主要还是“自我实现”这个原因。

自我实现，个人认为包含三个层面：存在感、成就感、价值感。大平台（大机构、大公司、大单位）自然有其富集的资源优势、社会地位光环、稳定薪资保障。但这些机构的所作所为、成败走向，大部分时候跟个体不会有太大关系，虽然我为之工作，但这个机构其实不缺我这么个人，这会导致个人存在感很低。虽然可以发挥自主能动性，在大机构里积极作为，但这部分作为很可能石沉大海，自己很难取得更多的认同（成就感）和回报（价值感）。而某些平台波澜不惊的环境，还会消弭意志，让人习惯得过且过，这种状态让我本能抗拒，于是选择律师工作，虽然辛苦但可以享受自我实现的快乐。

再来聊第二个问题，我真的适合做律师吗？

在有了求职意向，到真正去律所报到之前，我们难免对律师职业心存幻想：行业精英、西装革履、受人敬重、足智多谋、月入百万元……电视剧都是这么演的。但实习律师的真实生活往往是：打印文件、跑腿排队、讲话打颤、微薄薪资……这些都还好，在职业起步初期，都会经历不堪回首的积累阶段。更令我无法接受的是：当师傅开始给我一些简单的法律文书任务，我交付的结果却一塌糊涂，基本还得麻烦师傅重做一遍，非常打击自信；当参与一个诉讼案件分析、制订诉讼方案，我找到的关键点、准备的法条依据，总是完美避开正确答案；当可能需要独立接待当事人咨询、到客户单位交接工作，内心居然不受控制地产生畏难和退缩，担心搞砸。所以我一度很害怕有业务交到我手上，看到当事人来咨询，心情就开始紧张；我也不禁怀疑，我真的适合做律师吗？

很庆幸，虽然内心慌张，我没有真的推脱逃避，而是硬着头皮，选择正面应对。在经历了成百上千份法律文书写作之后，现在也能帮助新成员训练这块业务技能，并研发了系统的培训模式；在经历了大量的开庭辅助、裁判文书阅读分析后，我也能独立完成常规案件从接待当事人到与法官沟通的整个过程；在与客户、客户单位沟通时，也开始自然大方，并适当引导对方更高效率地完成我们的工作配合。

到这里，或许你对第三个问题“什么样的人适合做律师”已经有了自己的答案；也可以接着往下，看看我的总结。

作为一线从业人员，我对行业的理解、认知，随着我的从业年限增加而逐步深入。结合我的观察以及一些沟通交流的机会，我发现业内优秀成功的律师，往往都具备这些特质：

一是勤勉好学。律师行业一定程度上可以说是精英行业，即便到了一定的事业高度，也依然没有停止学习、开拓新业务。

二是思维缜密。律师很像医生，所处理的事务不容许出现偏差，如同人的身体健康会发生难以补救的损伤，很多法律程序也没有反悔重来的机会，所以律师办理业务必须殚精竭虑、精雕细琢，不发生一丝偏差，不容许一点遗漏。

三是能言善辩。这点算是外界对律师的普遍印象了，有人认为自身不善交际，可能更适合非诉业务；虽然非诉业务少有发生诉讼那样的当庭抗辩，但也不可避免地需要进行客户沟通或者商业谈判，语言能力依然重要。

四是商业嗅觉。渡过初期的基础业务学习阶段后，律师一般都面临如何获取业务的问题，这步能不能做起来、能做多大，可以说是执业律师与合伙人的分水岭。所谓律师营销，其实是专业服务的销售，涉及资源整合、市场定位、客户选择、客户获取、客户转化等问题，商业嗅觉敏锐的律师，往往能够做到事半功倍。

但上面这些条件，统统不是判断你“是否适合做律师”的关键。在我进入律师行业初期，身上完全不存在这些特质，但经过三年时间，自己已然成长为一名基本合格的律师，某些领域也小有成绩，得到不少认可。

佛门有一种修行方式称为“观想”，原意是“习以为常”。当你内心有一种信念、一种想象，通过往复训练后，就可以将之化为现实。所以要我说什么样的人适合做律师？只有一个答案——想成为律师的人，就适合做律师。

对大部分普通人来讲，优秀不会是与生俱来的天赋，但一定是可以后天习得的技能。当你内心希望、内心渴求自己能够成为一名优秀律师、一名行业精英时，你就可以在每件事情中践行，让自己“习惯性”优秀，使上文所列举的那些特质，与你身心合一。

所以我将这个问题放在最后，因为不想让这些所谓的“适合”成为阻碍你挑战这个职业的借口。能够在这个行业坚持下来的人，不管他的原始状态如何，或多或少都会拥有这些特质，当然因为个性、能力倾向不同，会有短板也会有突出的部分，而在律师行业多维的市场空间，长于不同特质的人，都能够获得属于自己的一块蛋糕。

塑造一个人，就让他充分发挥和锻炼自己的能力；成就一个人，就让他的能力为别人创造价值，并匹配公平的市场回报，我认为这便是律师职业的迷人之处。

（吴皓）

青年律师的真实现状

对于律师的生活状态这一问题，我将之理解为执业律师的日子是怎么过的。对于这一问题的解答，我觉得比较好的回答方式是以自己为“样本”自我归纳、自我分析，以下是我的“自我陈述”：

作为一名在小城市独立执业的以诉讼业务为主的传统型专职律师，我目前的生活状态可以说是“固定档期内只有忙和更忙，固定档期外时忙时闲、忙闲随机”。如果说从人类学田野调查的角度进行研究，对于研究对象的一个完整观察周期至少是一整个自然年——这样研究对象生活中大大小小的事情和规律性的重大事件（婚丧嫁娶、节庆聚会等）都能基本经历一遍。那么，参照人类学的田野调查研究方法，以一年作为时间单位来观察自己的执业生活，我归纳对比之后觉得每年的年底和年初是比较固定的繁忙时段，也就是开头所说的只有忙和更忙的固定档期，其余时间段则更具有忙闲随机（随事）的特点。以下是对固定档期产生原因的分析：

首先，结案季的到来。

年底忙是因为法院年底往往会对结案率有考核的要求，并且各级法院的结案率一般来说都会写入每年向各级人大会议汇报的《法院工作报告》之中（各级人民法院的《法院工作报告》需要经相应级别人大会议审议表决通过）。结案率作为法院工作成果的一个直观指标（结案率有时候会和审限内结案率一起写入《法院工作报告》中或者只写审限内结案率或者只写结案率），所以法院在第四季度往往在客观上存在加一把劲尽快开庭的情况。所以在实际执业中，在每年年底特别是11月、12月的时候，周末加班开庭并不是少见的现象。

其次，节日的影响。

对于律师来说，除了年底的繁忙档期以外，每年的年初特别是春节以前也是一个较为繁忙的时间段。一方面，因为在春节前后年味比较重的时候去立案的话，既会因为传统观念让大家感到不吉利，而且案件程序在客观上也会因为假期而受到影响（包括当事人先回家过年主动说年后再说），所以大家往往在元旦后会比较迅捷、繁忙地完成立案准备工作和进行立案。另一方面，每年年初对于案卷的整理归档工作也是需要花费律师较大精力和时间的。因为上一年年底之后，去年的案子有一部分已经开完庭作出了判决，有些甚至已经生效了，所以需要整理的卷宗从工作量上来衡量是一个比较耗时耗神的工作。特别是很多关键性的材料正是新鲜出炉，如果不“趁热”整理好的话，以后再整理就事倍功半了。对于以诉讼业务为主的律师，由于我们的工作必须经得起时间的考验，所以整理卷宗是一个必须要做好的“刚性任务”。

综上所述，如果按照一年的观察周期来研究诉讼律师的职业生活状态，年底和年初的繁忙状态是较为稳定出现的“固定现象”，而且根据律师积累递增的执业规律，此“固定档期”一般来说会随着执业年限的增加而一年更比一年繁忙。

那么，除了上述的“固定档期”，对执业早期诉讼律师一年中的执业活动进行观察的话，则就有一种“时忙时闲，忙闲随机”的感觉。而且从我个人的主观感受来讲，墨菲定律还是非常靠谱的，经常是累得要死的时候觉得肯定又要来事情，结果就真的来事情了。正应了“忙的时候忙死，闲的时候闲死”这句话。不过我最近认真思考，也有可能是忙和闲的时候感觉特别深刻所以才有这样的“心得”，就像因为每天都是遇到纠纷，所以律师很容易觉得这个世界很危险一样。我认为主要有以下五个原因：

（一）中小城市诉讼法律服务市场的特点

当然，我们从诉讼法律服务市场的特点来分析这一问题也是可以得出类似的结论：对于普通的民事纠纷而言，普通人遇到诉讼的场景往往都是迫不得已而非“热烈主动”的追求（在观念比较传统的小城市，甚至有些当事人会觉得打官司很丢人，在心理上很抵触），很多当事人也往往是第一次遇到需要诉讼或者需要应付诉讼的情况，所以这类诉讼案件的当事人和案件发生往往具有“偶发性、被动性、低频性”的特点。因而在执业早期青年律师的诉讼案源会有一种随机性比较强的状态，这也会直观地体现在收入上：也许今年刚好有一些大标的、能执行到位的案子，所以今年的收入就比较高，而明年又不一定像今年一样遇到这些案子，收入就会有一些降低。当然，随着律师的职业发展、案源池扩大、个人品牌树立、对接更大的平台，会逐步提高案源随机性的下限，但随机性是始终存在的。而比较固定的诉讼客户，比如银行、国企等会存在较多固定性的诉讼业务的客户能在一定程度上稳固律师的案源，但这往往不是属于执业前期的青年律师能自己拿下操刀的业务。言而总之，案源市场诉讼需求的发生偶发性特点突出，所以律师的案源在一定程度上可以说也是随机的，自然在繁忙程度上就“忙闲不均”了。

（二）律师业务工作的忙闲不均

对于执业前几年的青年律师来说，遇到案子，自然就是一个较为繁忙的阶段；而没有案子，就是一个较为轻松的休养精神、修我戈矛的战备阶段。但其实从我自身的感受来说，“忙闲不均”其实不是最大的问题，最大最头疼的问题是忙闲难以预测。你永远不知道你的这个案子会在什么时候过来。特别是接案的时候，大部分客户理解律师的工作也会相互理解，会和你提前约时间来谈一下，也能支持律师对工作步骤和时间节点的安排。有些不理解的客户则会要求立刻见面，比如当晚九点半打电话要求当晚十点钟见面，这样既不礼貌也不尊重律师的当事人也是存在的（是否继续接洽则要看具体的情况和律师的执业理念了）。所以，一名律师在日常工作中，虽然能尽量将办案的节奏掌握在自己手里，也拥有选择什么时候加班的自由（除了没有不加班的自由，你可以在机场、车站、车上、饭店、律所、当事人单位、家里等任意地点自由加班，也可以在早上、白天、晚上、凌晨等任意时间段自由加班），但是什么时候发生案子、案件的程序进展以及什么时候结案在法律实践中是带有不确定性的。作为律师，只能在从事这个随时可能面对挑战，随时可能面临新业务的职业时，尽量让自己的工作生活有规律。

（三）律师工作生活的规律性

从我个人的角度讲，律师工作生活的有规律主要是两方面。第一方面是日常生活的规律。不管再忙，每天规律性地去户外进行散步和运动，以维持身体的良好状态。这既是维持工作状态和生活健康所必需的，也是让我们难以预测、忙闲不均的生活能够在一定框架下有一定秩序性的要求——通过这个固定时间或者固定量的运动，让自己的生活有一定的可控感并且有利于长期的发展，以避免不期而至的“过劳肥”“过思秃”等“工伤”。第二方面则是通过业务的稳定性让工作具有一定的规律性。俗话说得好，“无诉讼不富，无顾问不稳，无非诉不精”。这句话我认为非常贴切。因为有了法律顾问单位，律师就会有一个日常的法律顾问工作，比如经常性发生的合同审查业务和法律咨询业务、谈判业务。因为诉讼可能是一个月一个案子都没有，也有可能一个月十个案子，所以法律顾问业务在一定程度上让律师的心态和业务有一定的稳定性和规律性。而且法律顾问单位在实践中可以开发很多间接性的业务，主动性较强的律师想要做到不让法律顾问顾而不问的话，也可以灵活掌握自己的工作模式、对忙闲有一个自主的安排。

（四）出差对律师生活状态的影响

出差是到非居住地并以完成法律工作任务为目的的行为，出差其实对律师生活方式和习惯影响很大的（甚至不得不成为律师生活方式的一部分）。我们带着工作目的去出差，安全到达工作地点之后认真完成工作，然后尽快赶回来。当天去第二天回，到了地方就干活，干完活就走的出差方式，对于小城市诉讼律师来说是非常常见的（可能非诉律师出差待的时间会长些，甚至项目周期长会有守工地的感觉）。对于律师来说，出差对生活状态的影响是非常大的，也是非常累的。简言之，我们出差有说走就走的惊喜，也有说累就累的疲惫。但对于诉讼律师来说，随着执业年限的增长，出差就是一个必然面对、不得不接受的选项。

（五）社会公益活动对律师日常工作生活的影响

除了出差，律师在日常工作中还要承担一定的社会公益活动。律师参与公益活动，既是律师承担社会责任、提高社会形象所必须要做的工作，也是执业初期增强实践经验、提升执业能力的重要途径。律师既应承担相应的社会责任，也要在一定程度上量力而行，但对于自己答应做的就一定要做好，需要尽力而为，不要因为公益性而心存懈怠。在实践中，法律援助办案跟日常办案子大同小异，公益活动方面主要是普法讲座和法律宣传、法律咨询，可能讲座要相对辛苦些。

以上从我个人的角度对律师的生活状态进行了一个较为主观的描述。之所以不分为生活状态和工作状态两个标题，是因为我认为工作和生活是一体两面的，很难将之分离得很清晰，特别是对于律师来说往往是生活从属于工作。综合以上的“自我陈述”，我的结论是诉讼律师的职业生活状态是“忙闲不均、忙闲不定、随机性较强”。而且从个人感受来讲，律师不是在忙就是准备要忙，多有案牍劳形和四处奔波，难有何妨高卧且加餐的潇洒。当然，随着律师工作得越来越成功，可以预见的未来就是越来越忙，在忙和“忙得要死了”之间随机性较强了。

律师的自由是对于加班的选择自由，看似每天都是自由安排，但其实时间紧迫而且要被动跟着事情走。而且有些时候就算有时间了，也会因为用脑过度，精力耗竭，没有心力去做自我调整。所以强迫自己通过物理运动来恢复精力、不要陷入恶性循环也很重要。律师工作耗费精神、精力而且压力很大，所以对于和家人相处的时间和状态都造成了很大的影响。我目前的想法是，即便是在小城市，也要在一定的程度上形成分工和团队化，这样才能让自己能够简单地调整一下，或者说处理一下负面的情绪和恢复精力，不要让自己太过疲惫，不至于把弦拉得太紧以致绷断。

（熊震）

青年律师的竞争环境

对于青年律师来说，忙于低头赶路之外还是需要时常抬头看路的。适当地关注律师竞争环境很有必要，至少能对自己在职业生涯中面临的各种选择起到指引作用，并有助于适时调整自己的竞争策略。

（一）要从律师行业发展的阶段特点来理解现在的竞争环境

我国恢复律师制度至今，已经从一开始的重新恢复、锐意开创阶段发展到现在的相对成熟、强强竞争阶段。可以说，无论从执业律师的人数还是从法律服务市场的规模来看，我国目前律师行业的发展到现在这个阶段都已经相对比较成熟，很多在之前阶段行之有效的律师成长模式、竞争模式在新的竞争环境中也要相应的与时俱进。很明显的一个例子就是虽然法律服务市场的规模在不断地扩大，但律师的人数增长也很迅速。根据最近的报道，全国律师人数在2018年年底已经达到42万人，比2017年年底增长了14%以上。2022年年初的数据则为律师57.6万人，而律师事务所超过3.6万家。根据律师人数的增长趋势，可以推测传统师傅带徒弟、徒弟出师后做师傅分下来案件的律师成长模式会受到一定的冲击。如何做大蛋糕、如何分好蛋糕不仅是新律师应该考虑的，更是“老律师”应该考虑的，时代的进步必然要求对律师行业的利益分配机制和利益增长机制有所调整（比如团队化、专业化、品牌化建设下的利益机制调整）。我们应当主动探索和适应时代（不代表贸然改变分配机制），而非沉醉在过去之中，毕竟向前进步的人不会过于追忆往昔。对于律师的竞争环境，一方面是高精尖的法律人才比较缺乏（当然这些领域的门槛较高），仍然存在空白，而传统的法律服务市场竞争则益发激烈；另一方面是当竞争大潮涌来时唯有坚船才能挺立，在日益激烈的竞争中我们看到了作为先行者的专业化、品牌化甚至规模化策略引领风骚，不断攻城略地。那么对于我，一位小城市的传统诉讼律师而言，比较现实的职业发展路径是成为本地的专业化和品牌化律师，明确自己的定位，并对市场竞争不抱侥幸心理，稳扎稳打地慢慢把律师做好。

（二）要从本地的法律服务市场（案源市场）来理解现在的竞争环境

从我个人的观点来看，不仅不能随便拿美国的人均律师数或者印度的人均律师数来类比说明中国的律师远远不足或者已经饱和，也不能简单地拿法院的案件增速来过于乐观地判断律师案源市场仍然有大片空白。虽然法院的案件在最近几年年年递增，但其中很多案件是没有请律师的，并且每年案件增量中的一大部分属于数量大、标的小的长尾市场，也即很难有效转化为案源的案件。特别是在小城市，这类案件收费不高（但不一定简单和容易办理），也会面临法律服务工作者的竞争，是比较难啃的案源。我个人的想法是律师的作用大小也要看具体的个案，没有必要一定要当事人请自己办案，也不应该在没有说清利弊前劝当事人打官司。很多时候当事人来寻找律师也是寻找解决法律问题的办法而非只是找个律师打官司。所以在实际工作中我的选择是提供公益性质的诉讼流程指引和文书模版，并力所能及提供一个尽可能明确的建议，帮助当事人更好地解决问题，只有确实需要律师帮助的案件才明确向当事人进行说明。这样的筛选一方面能为当事人提供有一定价值的帮助，另一方面也对自己长远的口碑有好处。而对于传统诉讼律师的主战场——较大标的的民商事案件和中小企业法律顾问则又进入了白热化竞争，青年律师应当通过时代的红利来弯道超车而非以短击长。

（三）要从法律人面临的互联网浪潮和人工智能趋势来理解现在的竞争环境

正如前文所述，我们80后、90后是互联网一代，我们的竞争优势就是对于互联网世界的熟悉和对人工智能的接受度更高。特别是现在我国“智慧法院”的建设高度重视“互联网+”和人工智能应用，比如裁判文书上网、裁判文书大数据智能分析系统、网络庭审直播、庭审语音识别系统、法院应用案件卷宗随案电子化、智审系统[①]和一些智能化开庭试点[②]正蓬勃兴起，网上立案、网上缴费、网上证据交换、网上开庭、电子送达是可以预见正在到来的未来，并已经在本地的法院出现。那么，对于网络和人工智能不了解、不熟悉而又跟不上的律师肯定就要面临新的挑战。而在适应法院系统应用“互联网+”和人工智能的过程中，青年律师完全可以发挥自己在“互联网+”和人工智能的优势，比如更早地接触和应用法律咨询机器人、基础审核智能法务系统、大数据法律文书检索工具、人工智能案情可视化分析等新事物，并通过这些新事物提高自己的工作效率、优化自己工作成果、让当事人更加信任。

（熊震）

① 可以辅助法官一键生成各类通知书、传票、公告、送达回证等制式文书。

② 比如，2018年4月20日浙江杭州市西湖区人民法院进行“一个人的法庭”，原告在家中，被告在1200多公里开外的律师事务所，靠智能系统在线面对面并且书记员是“机器人”，庭审现场仅法官一人。

中小城市律师市场分析

当下法律服务市场正在史无前例的变化中，事多钱少、执业泛化、信息技术、律所改制等趋势方兴未艾。作为在中小城市执业的律师，除了等待法律人的明天到来之外，我更希望通过对中小城市执业律师人数和律所律师人数的变化、中小城市法律市场规模和结构的变化、中小城市律师发展趋势等方面进行观察和分析，并在此基础上审时度势，谋定后动，优化自己的律师发展路径。

本文选定YN省LJ市1990—2017年年底执业律师人数和律所人数变化的情况，对以下三个方面的数据进行统计和分析：

（一）YN省LJ市执业律师人数变化

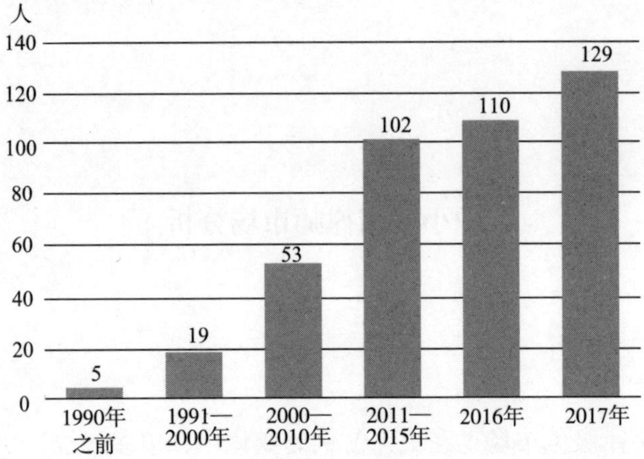

图 1　YN 省 LJ 市执业律师人数变化

1990—2017年年底，YN省LJ市执业律师由5名增加为129名。其中，2000—2010年增加执业律师34名，增长率为121.42%；2011—2015年增加执业律师49名，增长率为92.45%；2016—2017年的增长率则为26.47%。如果总体计算2011—2017年的增长率，则为143.39%。考虑到一名律师执业的时间可以很久（并且律师行业缺乏退出机制），由是观之，则有以下几个推测：第一，中小城市基础法律服务市场的竞争越发激烈，新执业的律师处于一个比之前激烈的竞争更激烈的环境之中；第二，由于2011—2017年新增律师的增长率为143.39%（也就是从53名到129名，增长了一倍多，而对2019年 YN省LJ市进行年检的执业律师人数统计则已经达到145名），量变引起质变，如果基础法律市场的规模没有同样速度的增长，传统的老带新、顺其自然律师成长模式也许正面临挑战，特别是中端法律服务市场案源的增长往往会被2010年之前执业的53名律师所占据，所以相比老律师成长的事半功倍，2015年之后新律师的成长往往会事倍功半；第三，律师行业的二八法则会是长久的趋势，而支撑这一趋势的一个重要原因是在2011—2017年的7年间律师人数倍增，而律师职业自古便不是一个对新人“友好”的职业，所以有很大可能大量的新执业律师在日益充分竞争的法律服务市场中难以摆脱八成人数二成收入的尴尬处境。由于本文主要是对中小城市执业律师人数和律所律师人数的变化进行统计分析，故而提出的推测都比较不乐观。但直面现实不代表消极和悲观，所以要向诸君说明，对于新执业律师的机会和优势，笔者会在中小城市法律市场规模和结构的变化、中小城市律师发展趋势这两方面文章的写作中进行分析。

（二）YN省LJ市律所和执业律师人数变化

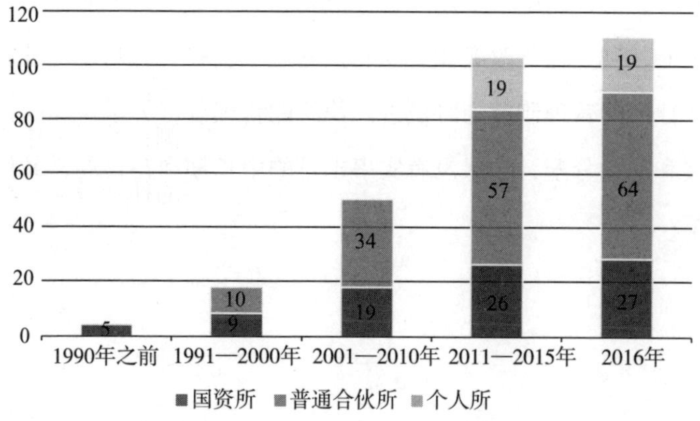

图2　YN省LJ市律所和执业律师人数变化

根据YN省司法厅公布的数据，LJ市的律师事务所从1990年之前的4家，变为2017年年底的16家。其中国资所共有4家，一直未有变化，但执业律师从1990年之前的5名增加为2016年年底的27名。普通合伙所则从1992年之后出现，并从当时的2家10名执业律师增加到2016年年底的7家64名执业律师。至于个人所，2013年之后才出现，并迅速增加到5家19名执业律师（一家改制普通合伙所）。从以上的数据分析可知，普通合伙所是主要的发展趋势，2013年之后新成立的个人所也会涉及是否改制问题。在律所雨后春笋一般出现的同时，是律师行业由于较强的人合性和必须通过律所开展执业所致的个人为主的执业模式，也被一些人调侃为“管理制度落后市场二十年”。虽然律所的管理制度需要与时俱进，但笔者却认为中小城市的律所并非盲目地学习先进经验就一定能成为具有先进性和竞争优势的律所。只有根据中小城市法律服务市场的规模和结构、自身的竞争优势和中小城市律师发展趋势来明确中长期的目标市场和竞争策略，才能在中长期规划的基础上优化改变律所的利益分配机制和管理制度，进而才能让律所的管理制度与时俱进。律所的管理制度关乎律师的执业发展和利益分配，如果没有实事求是的中长期利益格局，又何谈变革?

（三）YN省LJ市执业女律师人数变化

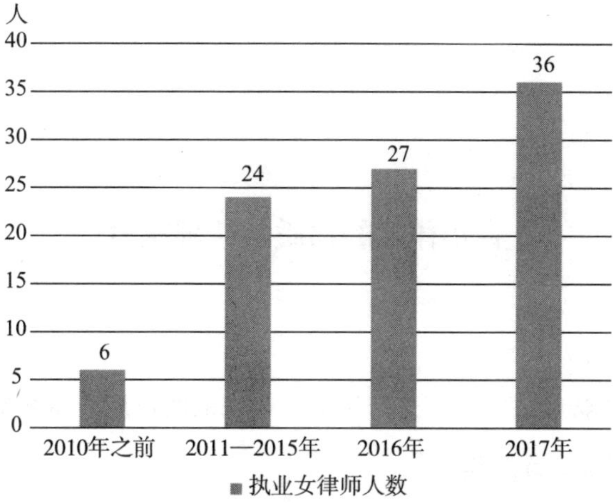

图3　YN省LJ市执业女律师人数变化

从2010—2017年年底，LJ市的执业女律师从6名增加到36名。2017年LJ市女律师的人数是2010年的6倍，2010年女律师占全市律师人数的比例为11.32%，2017年女律师占全市律师人数的比例为27.9%。

由YN省LJ市执业女律师人数变化可知，即便困难重重（生育压力、就业歧视等不利因素），但新时代的女性正在打破传统的社会性别构建，随着对社会性别角色的不断解构重建和女性法律人队伍的不断强大，我们将见证女性法律人对其职业的进一步定义和拓展。

（熊震）

青年律师的物质与精神压力

（一）“长线执业”“先苦后甜”带来的物质压力需要青年律师“少有斗智，无财作力”

大家比较认可的一种说法是新律师的物质压力主要在于执业开始的前3年（如果成长慢则不止前3年，如果熬不住则没有然后了），当事人来找律师是要解决现实法律问题的，不能解决现实法律问题的律师，他对当事人的效用在某种程度上就是零，自然也就没有收费可言了。律师什么时候能形成独立执业的能力（独立解决现实法律问题的能力和积累足够的案源）？特别是对于诉讼律师来说，能够独立地在及格线以上完成一场诉讼的整个程序，那已经是初步合格的律师了，其执业的结果就开始会往有所盈利的方向发展。

但是，即便有了一定的执业能力，青年律师的处境也是比较艰辛的。因为在法律服务市场中，当事人挑选的范围既有新律师，也有老律师、中年律师，理论上各个年龄阶段、各显神通的律师都在一个市场内进行竞争。所以青年律师的案源是比较稀少的，特别是像笔者这样开始就独立执业的律师，既要形成独立的办案能力并不断提升，又要拓展自己的案源并建立自己的信用和形象，在前三年是很困难的（也常有左支右绌之感）。可以说如果只看我们执业的前三年，那么付出和得到是远不能成正比的。但是作为长线执业的律师，坚守做人和办事的各项原则，坚持风物长宜放眼量是必然有所获的。对于我执业的前3年，我发现坚持原则和尊重规律是非常重要的。坚持原则既是建立个人信用的必要前提，也是保护自己所必须的要求。对于新执业的律师，面对社会上的喧嚣浮躁和各种各样的冲突矛盾，只有坚持原则才能保护自己，进而才谈得上顺利执业、长远发展。尊重规律是指律师行业发展的“长线执业”“先苦后甜”等规律，想要发大财和赚快钱就不应该进入律师行业，新执业律师要尊重职业规律，脚踏实地、不卑不亢地积累技能和人脉，持之以恒，聚沙成塔，早日修成不显于外而定胜负的内功，早日能够在法庭上长揖雄谈态自若。

当然，上述律师行业的客观职业规律也体现在了待遇上。由于新来的实习律师往往并没有解决实际法律问题的能力，甚至没有受过如何解决实际法律问题的培训，所以往往是处于一个学习的状态，故而在市场经济下的待遇也比较惨淡。除非特别靠谱的实习律师或者新执业律师，否则其所做的事情和写的法律材料，是很难直接让人放心的，甚至不一定有修改的价值。况且律师业务的人身属性很强，很多事情不得不亲力亲为。律师办案流程的标准化、规范化是问题不大的，但对于每一个案件的特殊性问题和细节问题的把握和处理还是很考验律师的个人能力，因而律师最好亲力亲为，这也更加削弱了新人的“实用价值”。

对于执业律师来说，以我为例，由于丽江是个小城市，主要是以常见的民商事诉讼和中小企业法律顾问为主要业务，可以说是很传统的二元结构案源。在这样的情况下，其实大部分律师都是独立执业并形成较为松散的团队，对助理和实习律师的需求并不是很强烈，所以实习律师的待遇并不高。而作为独立律师，主要就是要靠自己案源收入，不计算租房和吃饭等生活方面的支出，仅计算各项实际发生的成本的话，每年至少固定支出的成本要4万元左右。

对于新执业律师来说，在执业初期本来就赚不到钱，反而要在各个方面花钱。在收入不够的情况下，还是要固定支出这些成本的话，会产生较大的压力。而且律师往往能够见到各种各样的社会现实，其中不乏浮躁阴暗的负能量，因而对自己的物质回报也会有很多的想法，特别是执业初期的窘迫会放大这种负能量，所以如何进行心理的调整也很重要。以上是律师执业初期的物质压力和随之而来的阶段性精神压力，不过这些会随着执业年限的增长和自己的不懈努力而日益缓解。

（二）“终日乾乾”和“等待戈多”两种精神压力需要青年律师“节源开流”、专项化解

对于律师的精神压力，我主要从自己作为一个小城市诉讼律师的角度来讲。

刚开始执业的时候，我其实是把“君子终日乾乾，夕惕若厉，无咎”[①]这句话当作一个光荣的象征，觉得自己能够承担责任、处理别人生活中的重大事情是很有面子的事情。但现实中存在的问题是，新执业一开始面临的不是面对案件的精神压力和扛住压力的决断，而是“等待戈多”的孤独。对于新执业的律师来说，特别是像我这样直接一开始就独立执业的律师，开局基本会遇到的“案源枯竭期”往往就会比别人（比如跟固定团队的律师、给老师做助理律师、做授薪律师等）来得更惨烈一些。我记得当时自己比较有兴致地投入了一笔钱把办公室环境弄得还是不错，结果就是在焕然一新的办公室里枯坐了一两个月，才开始逐步办理法律援助案件和“慢慢来”的各项业务。所以“案源恐慌”对年轻人的杀伤力是非常大的。当时也每天都大量地阅读，尝试了各种各样的营销方法，参加了各种各样的社会活动，写作了大量的原创文章，同时进一步整理学习了很多卷宗，才逐步好起来，而且

① 《易·乾》：“君子终日乾乾，夕惕若厉，无咎。”

很直观地感受到前一年的努力往往在后几年体现出效果。

除了一开始新律师式“等待戈多”的孤独惨淡，值得一提的是落差感，就是执业律师前3年经济收入惨淡是业内人士基本认可的，特别是独立提成律师更是比较惨烈，这和正常拿工资的同学一比就真的很有落差感。这是很正常的情绪，只要坚持好好做事情到后期自然随着收入提高就意气平复、心胸宽广了。关于律师的收入惨淡问题，在市场上要和所有律师一起竞争、初期没有自己的案源并且需要慢慢培养案源、建立对专业和人品的信任等都是原因。律师作为考验司法实践能力的职业，先苦后甜也自然是职业规律。

除了和朋辈对比的压力，还有一个落差感便是即便有了案子和业务，也未必会让新执业律师大展身手。

其一，是当事人的不信任。

年龄是资历的体现，尚且看着稚嫩的年轻人再加上处理业务时的生涩，当事人往往会有各种顾虑（一般来说当事人很难有客观评价律师执业能力的专业能力，所以当事人看“脸”凭感觉找律师也是能够理解的），所以新执业律师既然选择了和客户双向选择的律师行业，就自然要习惯被拒绝和习惯每天问自己为什么能被选择的原因（而且有了案子也要审慎评估能否接案办理，不能来了就开工）。

其二，是当事人议价时的百感交集。

作为新执业律师，如何收费、怎么收费其实都是综合多方考虑后的结果，但是当事人往往会从各个方面来谈价格，这也是很令律师头疼但必须硬着头皮做的一件事情，根据不同情况也会有不同的个中滋味。

其三，是办案中的落差感。

律师是一个看着很光鲜的职业，但是真实办事时就没有那么光鲜了。律师除了案牍劳形便是四处奔波，但是每次奔波的结果未必理想、过程未必顺畅、心情未必愉快，也许会遇到这样或那样的不便和比较高要求的标准，抑或吃了一个态度良好的闭门羹。所以办事的时候也许有落差，但想着“受人之托、忠人之事”，也就是按照客观规律尽力而为即可了，不用想太多光鲜或者不光鲜，律师毕竟是长久站在舞台边缘的职业，“为人谋而不忠乎？”才是每天要扪心自问的问题。

经历了前面的心路历程，律师“战斗”过了前几年，便可以用一种比较复杂的感觉来面对“终日乾乾，夕惕若厉，无咎”这句话了。每一件事情都必须高度紧张地办理，而且未必能得到理解。

长期的精神紧张带来的是日益严重的强迫症，这也是律师无奈的工作病。虽然律师不是全天都在工作，但是却在每天的大部分时间承担着工作的压力，压力和紧张也成了生活的一部分。

其四，虽然主题是精神压力，但是我想延伸讲讲律师的客户选择。

律师必须要挑选客户，不要“笑迎八方，来者不拒”，否则结果往往不会是自嘲“精神损失费是所收取的律师费用的主要组成部分”就能解决得了的。但是言归正传，律师在办案过程中虽然往往能有所作为但也不是无所不能，很多案件的实际推动要取决于很多非律师的因素。所以律师如果一开始不能拒绝不能良好合作（主要为没有合理预期）的当事人，办案过程中不能如实地和当事人沟通好整体案件的进行，往往就会承担当事人不接受、不理解、不认可的压力。这样被期待的压力也是律师经常面对的，所以不要让自己陷入非理性期待或者不尊重律师的“当事人陷阱”。

其五，对于潜在不确定性的恐慌。

随着执业年限的增加，由于收入渐渐增长，曾经执业初期的恐慌渐渐消散，律师也会更加沉稳自信。但是随之而来的是一种对不确定性的恐慌，律师面临意外或者丧失工作能力确实也是很麻烦的一件事情，所以每每工作之余偶尔也会想到自己未来的保障问题。当然，当前的主要任务是提高主动收入，要一心一意做好业务，但自己作为频繁接触民商事领域的律师，也可以慢慢积累一些本地的商事人脉、商事资讯和商务知识，在未来执业有成之余可以考虑对一些资产和项目进行投资。

其六，职业选择的人文环境压力。

对于小城市的律师来说，由于处在一个较为传统的环境当中，无论家里人还是周边人都高度认可公务员这个职业。特别如果父母或者家里面有公务员的话，这方面的话语引导性是比较强的。

除此以外，有一个比较有趣的观点，就是说人口50万以内的城市是一个熟人城市，任何优质的资源都能在熟人处找到。我觉得丽江还是蛮有趣的一个城市，因为现在整个城区范围内常住人口应该是不到30万，然后另外有二三十万的流动人口（就是游客和旅游从业者），所以感觉丽江是一个半熟人、半陌生人的社会，熟人社会的舆论压迫还不是特别强。

从解决问题的角度来说，物理上的隔离是解决舆论压迫非常有效的一个办法，也就是自己独立居住。独立的精神空间和物质空间非常有利于保持自己的独立思考、独立决策、独立求索。

言而总之，新执业律师前期的物质压力和精神压力是相互作用、综合交织，甚至是物质压力和精神压力两两相加，实际效果要远远大于二。我觉得一定要在处理压力方面“节源开流”，一定要让自己面临的处境不要太恶劣，不要随意选择一个没有精神支持又物质压力极大的“地狱模式”开局。比如笔者回到小城市独立执业，虽然独立居住上麻烦一点，但其他的物质压力就小了很多，虽然赚得少，但是花得更少。而在物质压力方面没有雪上加霜的情况下，精神压力就可以进行专项化解活动，相对来说前三年也就没有那么“悲惨世界”了。

（熊震）

何去？执业城市选择

正所谓“择一城安身，选一业立命”。

城市和职业的选择对人的一生影响深远，是每一个人都需要深思熟虑的问题。特别是刚毕业的大学生，如果之前没有认真实践和反复思考过，那就只能迷茫地面对这两个问题。这两个问题要分开考虑，先确认自己优先级别比较高的问题之答案，比如职业方面自己一定要当律师或者公务员，又比如城市方面一定要选择大城市或者小城市也可以。先确定优先级别高的问题答案，然后在此基础上考虑相应的客观环境，对于后一个问题的选择就容易多了。

选择生活在哪里，是很重要的。

毕业时我其实也很迷茫，随波逐流的同时既考研又考公务员。在考上了昆明的公务员和云大的研究生之后，由于迷茫程度比较高，我就自然而然地延缓做决定的时间，读了三年硕士，好好地思考人生，也算是另一种形式的gap year。

（一）无论大小城市，一定要选择有生命力的城市

人口不说是快速增长，也至少不能是日益成增速地流出人口到外地。没有新生人口的城市很难谈久远的未来，更难对我们未来的老年人生活有所保障，没有足够人口的城市也难以支持让人愉快的基本生活设施。所以可以不留大城市，但一定要选一个有独特经济产业、有竞争优势而且人口一直在略有增长的城市。

（二）对自己面临的难度和压力一定要有一个清醒的认识

如果本来就不是大城市的人，想在大城市立足就更不容易了。如果不是本地人，房产和生活都会给初出茅庐的我们造成很大的压力和负担。对于普遍独生子女的90后而言，人到中年照顾父母子女的压力会大很多，估计中年危机也会来得更惨烈一些。而回去小城市可能会轻松些，但相应的天花板就比大城市要低很多。这其中的选择完全是见仁见智，谈不上对错，适合自己就好。相信每一个选择都会有遗憾，但是结果如果相对良性会让自己不后悔。作为普通人而言，深思熟虑之后难以权衡的话，那就说明对于自己的现有条件和现有期待来说两个选择都差不多，无所谓对

错，只是选择之后的结果不是太好的话，会让自己产生后悔的情绪罢了。当然，从稳妥的角度来讲，可以优先考虑容错率高或者说底线高的选择。

（三）律师业务的选择和职业规划也是城市选择的重要因素

越是专业化、高精尖、硬门槛的方向，对平台的要求就越大。如果对某一种业务类型念念不忘或者有竞争优势而这些业务只有特定城市或者一定规模以上的城市才有，那么就此选择也很不错。

没有人能给别人的人生下结论，也没有人有资格轻易评判别人的选择。我唯一的建议便是：与其毕业时陷入“to be or not to be”的哲学选择，不如在大学时多多尝试（去目标城市的法院、检察院、律所实习试错），多多与已经毕业的学长、同辈的亲戚朋友交流，多了解社会和自己，从而用体验和经验来让自己的选择更加清晰。

（熊震）

何从？执业律所选择

（一）我选择律所的核心目的在于尽快形成自己独立办案的能力和拓展自己的案源

这是我认为的选择律所的核心要素，要到一个能够让自己快速形成战斗力的地方。不过因为在正式执业前有到法院和律所实习，也和很多从事法律职业的校友有比较充分的沟通，所以在实习期满后我选择了到一个中青年结构的律所开始执业，优势是自由度比较高，缺点是初期的案源不是很充沛。

（二）在选择一个适合自己的好律所之前，一定要避开不好的律所

好的律所各有各的特色，但不好的律所有其共性所在。比如会把新人当作廉价劳动力压榨，不给接触办案的机会，只是做与法律无关的业务或者一直重复机械的某种业务环节，又比如内部斗争严重、新老矛盾突出等，总体来说就是没有提供学习律师执业的机会或者不能提供一个稳定学习律师执业的环境。当然，更过分的就是不依法执业、法律风险意识淡薄，或者整体氛围浮躁，崇尚赚快钱。

新律师可以把心态上的锐意进取化作工作中的兢兢业业，但千万不要转化为业务上的急于求成，否则执业不久就被投诉、被处罚乃至被追究刑事责任的新律师不乏先例，所以遇到前述的高风险律所一定果断避开，不要浑浑噩噩地随波逐流。对于利益分配机制遮遮掩掩的律所也要敬而远之，其中，我认为对上门咨询的案源合理分配是一个律所的加分项，这说明这家律所重视年轻人的利益和公平的分配。

（三）在避开不好的律所的前提下，如何选择合适自己的律所，就属于见仁见智没有标准答案

笔者毕业时考虑到自己的自学能力比较强，本地法律服务市场多是基础和中端业务，难度不是太大，自己是本地人有一定的案源基础，所以当时就选择了成立3年左右的一家律所，虽然起步时艰难些，但胜在束缚较少，个人发展加速度上来之后与同样处在发展期的律所之间内部的冲突和矛盾较少。如果要说对大家的建议，就是先想想有没有优先级的选项，比如专业方向、可信赖的老师、律所的品牌、自己的职业规划等，根据自己的特殊性来进

行选择。如果实在拿不定主意，可以找机会以纯实习的身份去纳入选择范围的几家律所实习一个月，看看是否满足自己的需求、适合自己的发展。只要实习关系和执业关系不在这些律所的话，试错的成本就不高，能够快速试出自己的选择。如果一开始在对实际情况不了解的情况下把自己的实习关系和执业关系挂在某一个所，后期一旦要转所就很尴尬，遇到不是那么体面的律所，就不止很尴尬还会很麻烦（特别是小城市圈子本来就小）。所以切记先低成本试错，即便不能找到一个处处满意的律所，也不要将自己放在一个难以脱身、处处消耗自己的环境之中。

（四）对于选择师傅或者说和师傅互相选择这件事情，既讲缘分也讲悟性

其一，师傅不是你想选就能选的（也是需要双向选择）；其二，一定要像避开不靠谱的律所一样避开不靠谱的师傅，这样就在选师傅上成功了一半；剩下的可能要看运气了，但也不能把自己的执业能力成长主要寄托在师傅身上，还是要靠自己，师傅的专业和人品基本靠谱就行了。可以说对于师傅的选择要看很多因素，而好师傅是可遇不可求的，在一定程度上，新律师的执业能力提升很依靠自学和悟性。恰恰是因为好师傅难找、客观上诉讼律师对助理和实习律师的需求不大，所以很多时候老律师对一个新人是否适合做律师的评价语往往是有没有悟性。对新人悟性的看重也在一定程度上反映了律师的职业培训并不是很健全。

相应地，除了选择一个对新人比较友好的律所、一个人品专业都比较过硬的师傅外，新人一定要有一种“我要学”而非“让我学”的心态。在开始学习时就用心揣摩，争取举一反三。很多时候学习并不是说找个时间几个实习律师坐在一起学习某个知识并对师傅进行友好的请教问答，这个是大学甚至高中时候的教学模式，你要学会自己学习。

（五）对致力于解决实际法律问题的律师职业来说，新人入门的主要学习模式也应当是在实践之中

具体而言，我认为律师新人的学习在走进律所时就开始了：比如为什么律所叫这个名字？为什么律所选址在这个地方，有什么利弊，未来需要迁址吗？为什么律所要在一进门的地方公示收费指引标准？律所人员的公示提供了哪些信息？到了办公室之后，各种细节都是学问：比如律师的办公室为什么这么设置和摆放，师傅的办公室和其他律师办公室的不同之处在哪里，共同之处在哪里？每个案件的档案存放有什么特点？各种文件应该怎么命名和放置？为什么师傅的文档正文格式都用仿宋三号字单倍行距，而有些律师又很随意？为什么起诉状要这么写？师傅接案时也是各种值得思考的问题：师傅为什么把当事人约在这个时间？师傅在接案前做了哪些准备？师傅对当事人的称呼是什么？师傅用词有什么讲究，为什么和当事人说反馈而不说报告？师傅谈话的重点是什么，又是如何掌握、引导谈话节奏的？诸如此类的细节。言

而总之，我认为仔细地观察、审慎地思考和独立地判断是律师学习的必然之路，而非指望师傅每天抽出时间和你排排坐讲道理。

当然，针对师徒制人身属性比较强、过于讲究悟性的缺点，现在很多知识共享的法律自媒体和青年律师培训项目、培训机构，有力地满足了青年律师的学习欲望，这也是时代带来的便利。相应带来的问题便是在知识爆炸的时代如何高效地选择性学习，这就取决于自己是否有比较明确、实事求是的职业规划了。

从我个人的经历而言，除了实习期间的不断揣摩、思考，便是较为大胆的在实习期一满，便自己跳下水去学游泳——开始独立执业了。对于较快的独立执业这一点我觉得大家还是要持一个审慎的态度，要根据自己的社会阅历和是否有足够的原则性来综合判断，很多时候律师职业也是一个高风险的职业，特别是执业初期的新人律师如果对职业风险不敏感、对原则不能坚持，往往不能果决地判断哪些是致命的危险，哪些是正常的案件，容易给自己带来不可测的风险。当然，自己独立执业的好处就是成长非常迅速。毕竟，自己独立办理一件事情、独立做出决定、独立承担责任和跟着师傅敲边鼓是两种心态、两种体会、两种收获。

在具体的操作上，刚开始执业时我的选择是狂热的学习和把每个法律援助案子做精做细，每天研读相关法律文章和持续总结写作。我第一年办理的案子除了必写的办案总结外，基本上对于每一个案子都会单独写一篇文章，有两个案子分别写了两篇论文。其实很多东西在脑海里推测了很多遍、总结了很多遍，真正形成书面文字的不过十分之一。第一年还写了很多关于律师发展和规划的文章，建立了自己对律师职业理解的概念体系和初步职业规划。通过树立“争取一个案子做出十个案子的经验”的初期理念，我自己感觉第一年的进步是飞快的，基本上在第一年执业末期就已经形成了初步独立执业的战斗力和自己职业发展的框架性思路，之后就是不断优化细节和反复推演实践。

（熊震）

律师行业的特征：开放

（一）开放，意味着没有边界，所有问题不限定唯一解

律师工作经常会面临未知的问题，即便是从前处理过的情况，面对不同的当事人，也会让简单的问题生出我们想象不到的困难。这种工作特性，意味着需要不断地学习去填补专业知识乃至行业知识的空白。

遇到新问题之后，从把握行业背景到沟通客户需求，再到框定问题焦点，然后开始进行检索研究；着手开始解决问题，从调整案由、增减关键词，再到从一份裁判文书跳转到另一份裁判文书，又从文书的法规索引爬向不同的分支。在求索的过程之中，庞大的法律数据库将浩瀚的前人智慧安置于网络空间，自己就像是一只小虫在上面摸索，走过前辈的路径，最终找到需要的答案。若把案情拿到团队研讨，经过专业、逻辑、思维的多重考量，每个

成员又会提出不同角度的解决方案。

在面对这个开放世界的过程中，虽然劳累，但这种不断向未知发起挑战、从毫无头绪中寻找突破口的工作状态，让我感觉到自己生命的鲜活。因为我最害怕的不是暴露自己无知、不是出现错误被批评，而是一成不变的重复。

（二）开放，意味着更多的连接点，所有能力尽情发挥

法律、产品、运营、设计，这些在我过去随性而为、跌跌撞撞的学习生活中拾到的技能碎片，它们之间缺少一以贯之的关联，却在一个团队里找到了契合点，以及更重要的“认同感”。

有的时候促使一个人去做事情，去突破自己的，就是这些很虚的东西。因为在与团队负责人交流法律产品看法中得到认同，所以才自告奋勇去兼职负责团队的法律产品研发；因为版面设计、数据分析在例会上得到认同，所以才愿意每天花很多时间去优化团队公众号从视觉到推广的每个细节。而正是在兼顾这些超出正常律师职业范围工作的过程中，透过团队、律所提供的平台，我也得以接触到更多的行业中形形色色的人。

在这一年里，除了日常的律师工作外，兼职负责法律产品研发并在此基础上跟随律师团队负责人去寻求市场切入点、去制造合作

的机会。在这一年的工作中，我曾在岌岌可危的地产公司，看着不怒自威的实际控制人指挥行政人员将需要清理的客户资料一箱一箱地抬进会议室，摆满了整个长桌；也曾在全国专家汇聚的专业研讨会上，一睹律界前辈侃侃而谈、剖析公司大案游刃有余的风采；曾去拜访充满极客味道的科技公司，听已经成功跨界去研发智能法律服务的前辈谈论法律服务与网络技术的融合嬗变；也曾一路西行，在黄河之畔的律师论坛中，向坐拥整合法律服务供给最成功的平台创始人，请教面向自然人与面向法人的法律产品研发思路异同。

市场经济造就形态各异的行业，行业之间的竞争、合作诞生出更多可能性，这是商业的魅力所在。律师工作让我在发挥能力的同时，更让我有机会接触到这些行业、行业背后的人，我亦乐此不疲。

（三）开放，意味着没有定式，所有道路皆可尝试

中国的律师制度正式恢复至今不过三十余年，相较于其他很多传统行业，极为年轻。而业内很多前辈律师，其实也只是完成了个人对行业的摸索，尚未形成新人律师能够借鉴的传承体系。社交型律师、技术型律师、专业型律师、行业型律师……只要前去尝试，都有可能走出一条新路；营销、办案、管理客户，各家门道不同。五花八门的成长路径，加上近些年来互联网技术、人工智

能浪潮对法律服务市场的冲击，令律师行业未来的走向更加扑朔迷离。

除了前途未卜的市场方向，还必须面对，专业化的艰难选择。

普通法律服务市场对于律师而言，就是一个低维度的生存空间，这个空间里所能够提供的生存资源是有限的，而且已经容纳了超出负载范围的律师人群。而随着新技术对法律服务市场中供求双方信息交换速度加快、交换程度的加深、交换范围的加大，将会有越来越多的法律服务被降低到低维度，加上在低维度法律服务层面更具有速度、准度、价格优势的人工智能进入，低维度法律服务的生存空间会被逐渐挤压，然后再一次降维，直至将人工服务排除在外。

虽然要经历漫长的累积，忍受孤独的行进；要花费大把的时间精力去梳理总结，不断地去尝试、寻求专业法律服务的市场切入点；然后四处碰壁、循环往复，但我相信，面对法律服务市场的“维度打击”，专业化是获得“逃逸速度”，进入更高纬度，获得更广阔生存空间的关键。

我想，真正支撑我行走在律师之道上的，或许并非丰厚回报、功成名就那些遥不可及之物，而是每天都可以确实感知到的，不论每件事情做好做坏都可以沉淀累积下来的，那日渐丰盈的视野与能力。

所以，只有这句话深得我心，可以作为过去一年的总结，以及接下来一年的坚守：

但行好事，莫问前程。

（吴皓）

专业化律师+互联网

参与法律技术产品的研发，兼职负责团队新媒体运营，探寻专业化律师的发展方向，是我作为一名青年律师从业以来亲身经历的角色变换。感恩这个时代，互联网技术与媒体不断消解着投机取巧、资源垄断的竞争优势，为青年律师提供了信息高速流动、市场评判维度丰富的竞争环境。让身无长物的年轻人，也可以在时代的机遇中拿到属于自己的一块蛋糕。

（一）我与微信

1.从运营到律所实习生

我加入现在的团队，也与微信公众号有关。2012年8月，微信推出“公众平台”功能，于是自媒体时代悄然开启。我从那时接触到诸如“逻辑思维”“鬼脚七”“小道消息”这些早期的公众号，新颖的资讯呈现方式让我感到十分有趣，此后一直保持关注。

2013年到2016年研究生期间，在对网络技术、新媒体运营兴趣的驱使下，我又先后寻找机会尝试了电子商务在线平台管理、地方旅游资讯公众号编辑、法律服务公众号运营、广告公司文案等工作，亲身体验不同行业微信公众号的管理、运营方式。

我研三的时候，云南八谦律师事务所来学校面试实习生，出于习惯我在微信上检索八谦所相关的公众号，经过认真检索总结，发现有一个相关公众号注册时间与第一篇推文存在距离，多篇推文时间没有明显周期规律，而各篇推文版面风格并不统一，推送中注明转载文章约占三分之一。根据经验我大致判断出这个公众号有运营的意愿，但显然又缺少专人负责，似乎是通过轮值的方式来维护。后来填写应聘实习生的简历，我有意列举了此前与新媒体运营相关的工作经验，果然面试时其中一位面试官问及了这部分工作经历，我抓住机会聊了一下自己对八谦所公众号情况的了解和判断。提问的面试官恰好便是后来推动我分析公众号运营的律所合伙人。之后我正式入职律所，跟随的师傅也是这位合伙人。

2.公众号维护的优化与规划

正式入职后，我自然负责起团队公众号的维护。根据此前对团队公众号情况的研究，我抽了一段时间，先是对公众号的菜单、版面标准进行了优化，然后又根据团队专业化发展的方向做了年度的内容规划。

首先是版面，从律所的角度出发确立标准色和排版设计风格，确定作为行业类公众号以内容为主，辅助的排版应当简洁、易读。确立标准色后，定制1到3套排版样式，保持文章视觉上的一致性，同时大大缩减每次排版推送花费的时间；封面配图全部统一成写实图片，增强商业化风格。

其次是菜单，根据确立的标准色和版面风格，重新设计团队介绍、成员介绍页面；利用模版页面功能，对历史推送文章进行分类索引，方便用户查看内容，充分复用历史文章；在后台没有人值守的情况下，通过链接第三方表单提供咨询、留言服务，方便收集、统计、查看用户信息。

最后是内容，团队选择的专业方向是“公司股权”，于是我围绕这个核心制定内容规划，将专业方向下的主题再细分为“公司变更、公司融资、公司治理、股权变动、股权激励、股东权益”六个研究专题，团队成员各认领一个，每月产出文章，团队公众号保持规律推送的同时，整个内容形成体系，逐步建立团队的专业形象与影响力。

3.开启个人公众号

在负责团队公众号运营的同时，团队负责人也经常鼓励成员进行专业研究和写作，于是我偶尔将自己关于公司股权、法律产品、律师行业、辅助工具的一些思考、总结梳理成文，分享到业内媒体平台。有些文章的反馈还不错，使我决定开启个人微信公众号。因为自己对法律技术的热爱，业余时间写了一些关于法律产品的评论文章推送，也因此获得了不少法律新媒体公司、法律技术公司负责人的关注，让我看到了更广阔的行业世界。

我一直认为，从更长的时间与更广阔的空间来看，文字是比语言更高效的交流方式。在简短文字里，可能包含了更完整的思维过程、更全面的观察视角，从而在作者与读者之间实现更深入的交流探讨。我也希望在如此的交流过程当中，倒逼自己去进行更多阅读输入，充盈思维素材；去做更多的实践，丰富经验见识；去更加锤炼自己的思维，加快消化输出；通过这样一种分享的形式，结识更多朋友。

（二）我与法律产品

1.有互联网思维的团队负责人

除了日常业务，团队负责人不少时间得花在客户维护、拓展、团队行政管理、规划这些方面，但她依然对互联网产品保持着关注和学习。有时候交流起来，她对互联网产品的认识、发展方向的判断比我这种熟悉技术的年轻人还强。

在我律所实习的尾声，团队负责人跟我谈话，聊到我的发展规划时，建议可以考虑结合自己的特长形成竞争优势，比如基于律师从业者的身份来研发适宜律师工作使用的辅助产品。

2.前辈的法律技术产品

研究生毕业后我正式入职律所，负责团队公众号运营的同时，刚好还遇到一个难得的机会：所内合伙人之一武侠律师正在研发一款在线智能法律服务产品—“律品”，为了磨合团队并增加对“律品”技术的了解，我与团队的同事一起参与了“律品”其中一个功能板块“民间借贷”的研发。加入法律技术产品的研发团队近距离观察，跟随着一遍遍的分支测试、迭代优化、描述方式细节上的琢磨，我得以了解到一款法律技术产品从诞生到成长所经历的尝试蜕变、推翻重构，从后台技术的选择，到未来应用场景的定位，每一步背后的焦虑折磨。

经过一年多打磨，“律品”的产品形态、技术积累基本完成，一直深居简出的武律师开始四处奔走寻找合作资源、应用场景。再次见到武律师是在律所一次内部交流活动上，武侠律师向我们演示了“律品”的一个测试原型产品“小象系统”。当时真的被呈现出来的结果惊艳到，经过大量结构化整理、标记、运算的数据支撑下的机器人律师，与有血有肉的职业律师的界限在那一瞬间有种模糊的感觉。

法律技术产品看起来酷炫，其研发过程的漫长与艰辛却不为人知。前仆后继的努力在外界看来或许并未让齿轮发生多少改变，这种无力的绝望多少曾困扰每位先驱的内心。但他们深知自己走下的每一步，都在突破想象。

3.团队的法律服务产品

进入行业一段时间后，经过很多尝试、接触，我对产品的理解从看热闹逐步转变为找到自己的角色。对于法律产品的概念，也有了更宽泛的理解。“无讼”、“法天使”、“律品”，可以归为线上法律服务产品，即与技术结合，但落点还在服务，要么直接提供服务内容，要么辅助服务一端或匹配服务两端，用户覆盖行业内外；智善、智合、律新社等，可以归为法律媒体产品，偏重内容，强调连接，提供资讯、知识类服务，主要面向行业内；**Icourt**、无讼学院、庭立方等，则是法律培训产品，提供线上、线下的法律培训服务，主要面向职业律师；而律师，结合自己主攻业务方向，经过梳理、包装，也可以形成专业的法律服务产品体系，面向符合某个定位的客户。

团队目前定位的专业方向是“公司股权”，再往下可以划出“股权设计、股权激励、股权转让（收购、出让）、股权纠纷（诉讼）”四个分支。加入团队后的产品研发工作，一方面在对现有的服务内容、服务成果进行梳理、提炼，形成一些标准的文书或可视化的流程演示；另一方面也在积极与现有的以及将来可能出现的服务模式与平台资源进行合作，为产品寻找流量渠道。目前而言，我们尚未取得稳定、持续的成果，但也从未放弃内容、宣传、合作的积累和尝试，相信时间会给出答案。

（三）我与律师职业

1.踌躇的奋身一跃

法学专业可供选择的工作机会很多，体制内外都有对口岗位，进可攻退可守。所以在临近毕业的时候，我陷入了巨大的纠结。律师职业意味着竞争、风险、不稳定，其实是我在读研期间都没有考虑要从事的职业，而后来的三件事情，让我开始向往这个行业。

一是在律所实习，使我有机会以一种旁观的心态体验了律师工作，所内同事的言语举止、处事方法、精神状态、学习分享氛围给我留下了深刻印象，进而产生“我也要像他们一样”的冲动。二是实习期间，师傅对团队方向的规划，对互联网媒体、技术的见解，让我隐约感到自己所喜欢的互联网、技术与行业结合的可能性，或许能够在其中摸索出一条道路。

三是司法考试成绩揭晓，原本觉得无望的考试居然压线通过，感觉也是冥冥中的一种职业缘分。

2.专业化的努力探索

随着律师从业数量增长，互联网、大数据、人工智能技术入场，以及越来越透明且高速流动的供需信息，传统业务的市场空间正在被逐渐压缩，专业化已然成为律师在未来行业中的一个生存方向。专业化律师，意味着可以在一定区域内切分出一块独占的细分业务市场，在细分领域内获得稳定、持续流量，并因此可以掌握很大程度上不受大市场环境影响的服务定价能力；与此同时，由于专注于细分领域，节约的时间、精力可以用于不断提升服务质量、服务体验，同时获取更多在细分领域的实践经验、理论研究积累，进一步巩固这个专业领域。

在我看来，律师的专业化可以分为三个板块：理论积累、案例积累、品牌积累，三者之间相辅相成。我们的团队法律服务产品的研发，就是“理论积累、品牌积累”板块的结合。“案例积累”很多时候得看机遇、市场脸色，只能慢慢来；同时也并非所有案例都必须自承自办，通过资源整合、交换参与到与自己专业定位相符的项目中，也不失为一种好思路，同时也可以促进另外板块的积累。

3.看开后的日拱一卒

进入律师行业以来，每隔一段时间都会陷入周期性的巨大焦虑。

大家都说律师是靠经验吃饭的职业，在其中坚持下来的，将来都大有前途。我在心中经常嘀咕：律师职业当然是前景广阔，提供了职业发展高度的无限可能性，但并非每个人都能把可能性转化成结果。

分析案子的时候跟不上节奏；在跟着师傅去顾问单位处理问题、接待当事人的时候，也没办法马上抓到关键；起草、审核合同的时候，我做出来的文书师傅有时候几乎还要重做一遍。

在执业前期，我总是感觉自己成长缓慢，质疑究竟能不能胜任律师这个职业，不知道哪一天才能达到业内前辈的十分之一高度，面对任何情况都镇定自若，游刃有余地处置清楚。后面也看开了，前辈的职业成就、业务能力绝非一朝一夕之功，通过枯燥煎熬的积累习得才能是世上常有的事情；无论实务经验、理论知识还是应变能力，看起来不可逾越的差距通过反复的刻意练习与思考琢磨终究也是可以掌握的东西，所以自己也不必太焦躁，日拱一卒不要停止就好了。对抗焦虑最好的办法还是执行，如果想要应对不可测的压力依然心有余力，就去不舍昼夜地超越它们。

（四）小结

运营、产品、律师，不同行业、不同技能的积累，这些看似零散的点，在我的职业生涯中逐渐连成一条线。说是机缘巧合也不完全，我相信在做出有些努力、选择、尝试的时候，就已经在未来的某个方向埋下伏笔。

我喜欢探索，新东西新挑战让我觉得生命是鲜活的。我也不知道未来会导向哪里，每到一个新地方，总喜欢漫无目的的瞎逛，不经意就发现有趣的小径。然而旅途当然不会一帆风顺，总会经历负重前行的攻坚，漫无边际的压力令人窒息，但是我不能退缩，爬着也要前行。因为当初奋身一跃的时候就告诉自己，要退，就该退得远远的；要往前，就朝着没有边际的方向。

（吴皓）

律所招人与用人套路

很多法学院同学刚毕业时，先是参加一轮公务员、事业单位、国企银行等考试，到了律所求职基本是海投简历，不会认真去调查市场需求。但如果是真正想要从事律师行业的同学，第一年非常重要，不容儿戏；进入什么样的律所/律师团队，跟着什么样的老师，几乎可以说决定了你近三年成长速度以及发展方向。因为大部分进入律所的新人全凭环境塑造，可以借力的平台资源、倚仗的团队伙伴至关重要。

很多律所的招人、用人标准，与国企事业行政单位选拔考试不同，标准并不统一。很多律所/团队，其实更像创业公司，在不同发展阶段随着公司的市场战略变化，会有多样的用人需求。

跨入律师行业第一步转变，就是要有客户思维，从需方角度考虑和看待问题。律师算是一门传统手艺，少不了师傅徒弟口耳相传，乃至直接跟进项目，边做边教；如果选错人，培养成本、时间成本对律所/团队而言损失或负担很大，所以面试、进人不得不慎重。尤其是你想进入行业内有一定影响力的律所平台或律师团队，面试官的要求只会更严苛，相应能够为你提供的培养资源、平台起点也更优；如果仍是海投简历，随缘面试的态度，获得加入优秀团队的机会微乎其微。

所以从制作简历到现场面试，我们都需要对想要加入的律所、团队、主要负责人有所调查了解，知道他们的发展阶段、目标方向，以及最重要的"需要什么人、来做什么事"，然后根据这些情报制订面试方案，有的放矢，让面试官觉得"你就是对的人，后面的不用再看"。将来你需要争取客户时，也是同样道理。

我在准备律所实习面试前，通过网络百度搜集了律所资料；又通过微信搜索找到律所官方微信公众号、专业部门微信公众号，阅读了全部历史文章，并对文章阅读数据做了简单运营分析，推测他们曾举办过线下活动，以及平时轮值运营的模式；"你对我们律所/团队有什么了解"是面试官常用问题，我就谈了自己的信息收集、分析结果。

当时律所面试官之一是公众号背后团队负责人，我的分析令人眼前一亮，因此得到去他们团队实习的机会。实习期间，除了参与常规业务，我还负责了很多团队公众号运营、内容筹划的工作，正好是团队空缺没有专人负责的板块。因为这段时间做出了一些成果，团队负责人比较认可，所以毕业的时候我直接联系负责人获得了工作机会。后来我负责团队的技术运用及品牌运营，成了团队内部合伙人。

对于行业新人，律所/团队/师傅就是你的第一任客户，你对应聘岗位有没有足够重视、关心、兴趣，你的客户能够明显感知得到，除非平台也不必在乎你未来发展，或最多准备将你视作随时更替的人力资源，否则不会轻易选择你。

当你对行业、对目标岗位有一定的调查了解，对自己能够提供的匹配价值有一定的发展规划，从这件事情开始，到职业生涯中的每一步，都会因为这些微小的差距，而造就你的与众不同；律师行业是充分的市场竞争，没有这足够竞争意识的朋友，恐怕将来的职业发展也会平平，而失去这项职业的乐趣。

（吴皓）

青年律师如何规划职业？

做诉讼律师还是非诉律师？金融、地产、婚姻家事……选什么业务方向？

这些是我被身边想要进入律师行业的师弟师妹经常咨询的问题。有职业规划的意识当然很好，但一定要切合实际；并且自己最好先做足准备功课，比如通过网络社区、微信公众号等渠道，对律师行业、意向律所有个基本的了解，再去请教前辈或寻求实习机会，否则很难获得有价值的反馈。因为你对律师行业很陌生，很多行业常识不知道，询问的行业前辈可能也不会有心情从零开始给你普及，也难以对不了解常识的你给出针对性的建议，只能给个简单答案应付。

青年律师考虑选择将来想要从事的业务方向时：

首先，需要对行业有全局了解。比如有哪些主流业务方向，每个业务方向涉及的工作内容，这些在网络上很容易查到，虽然与律师行业的实际有点偏差，但足够建立基本的行业认知。

其次，需要研究所处的市场环境。目标工作城市有哪些律所；各个律所属于哪种经营模式、在哪些业务方向是优势领域；如果律所是综合大所，有哪些专业部门或团队，其中哪些部门或团队比较突出。如果当地没有你满意的市场环境或者律所，就需要考虑是否异地求职。相应地，调查区域也需要进一步扩大。因为律师业务往往取决于城市经济发展程度，比如某些城市、地区金融业很薄弱，就不会有纯粹的非诉律师团队。

再次，看个人匹配。自己选择诉讼业务或非诉业务的理由是什么，相关理由是否与行业真实情况一致。有人可能觉得自己不喜欢与人交谈，就选非诉，但这可能是误判。事实上，不善言辞但能够专精办理大额标的复杂案件的诉讼律师或者在公司股东高层之间纵横捭阖的非诉律师都是有的。所以到了这个环节，在已经有基础了解和倾向性意见的情况下，建议可以找到从业前辈说明自己的情况具体请教，往往能够获得更有针对性的建议。

在诉讼业务方面，大家印象中的诉讼律师，总是在法庭上慷慨陈词、雄辩滔滔，但这其实是表象或者说一定程度上的“表演”，抑或是电视剧、电影里的“艺术呈现”。办理诉讼业务的真正要点，是充实的证据准备、缜密的专业论证、当庭的冷静应对，话未必多说，但必须直击庭审争议焦点的核心。在非诉业务方面，真正的非诉律师，大量的工作集中在前期沟通、现场尽调、与财会机构协调配合、至少持续几天的商业谈判等，这些才是奠定交易的基础。甚至很多时候需要常驻项目现场，所以非诉律师偶尔会有在工地做项目的感觉。

除了与个人能力、兴趣匹配，诉讼律师与非诉律师的工作模式和收入也会有些差异，诉讼律师多采用提成制收入，案源数量、个案单价与收入成正比。新人初期收入普遍低于非诉律师，这是因为缺少自己案源，只能给师傅打打帮手。当诉讼律师的诉讼业务能力以及客户渠道的积累达到独立执业的程度之后，收入往往爆发提升（所以独立执业取决于累计的程度而非简单的年限资历）。工作时间则不固定，案子多时天天加班，而做完一批案子之后闲一两个月的“空当”也会出现，有经验的老律师则刚好利用空档来学习提升，或者休假旅行放松，比较惬意；但如果经济基础还比较薄弱的青年律师，也容易在空档期陷入和放大焦虑，失眠也是常有。

非诉律师一般都是团队作业，采用授薪制，因为工作量太大，一个人是干不下来的。授薪非诉律师，如果律所/团队发展得好，起薪非常可观，比如业内的“万元”俱乐部（实习律师入职月薪万元起）。但是大家也别过于羡慕，相应的工作量、工作强度同样不会令你失望。非诉律师收入增长平稳，不像诉讼律师有机会“暴富”；优点在于业务时间比较均匀，跟在公司坐班差不多，一般没到合伙人级别是不用担心案源问题的。

诉讼、非诉是律师从业的大类，之下还有更具体的专业方向选择。比如诉讼的民事、商事、刑事、行政等；非诉的投资并购、基金证券、常年顾问等；大专业方向里还会有更细分的领域，就商事诉讼而言，业内可能有专门做股东纠纷的，有专门做建设工程纠纷的，有专门做大宗商品交易纠纷的等。这也是律师行业的一种趋势，随着法律服务市场升级，越来越要求律师深耕细分专业领域，才能解决客户日益复杂的法律服务需求，所以新人律师应当有自己的“专业”定位及规划。

不过即便取得执业证后，在有一两年的行业经验、市场经验之前，都不需要急于决定；但一定要带着这个问题去观察、思考和实践，为自己的长远职业规划提前绸缪。求职之前，能够做好行业调查与面试准备，明白诉讼、非诉常规业务划分，大方向满足自己期待就很不错了。如果感觉自己挑不准方向，还有一个好办法，就是挑一位“好师傅”，跟着学两年，看懂师傅选的专业方向、背后的支持体系，自己掂量一下能不能闯入一片新领域，应该就能够有自己的打算了。

最后，总结一下个人的建议：不要从害怕自己弱势板块、回避困难的角度去选择从业方向，完全可以挑自己的优势方向去正面硬刚。抛却害怕和患得患失，有什么短板去补足、去修学分就好了；我们会有足够的时间和训练机会来自我完善，成为自己想要成为的那种角色。

（吴皓）

除了律师，你还能干别的

这篇文章想聊一下在律师、法务、公检法或行政单位之外，我所了解的一些法律职业选择。因为每个人的能力倾向、发展需求、性格特征不同，加之天时（比如法考没过）、地利（比如地方市场资源）、人和（比如好的老师或合作伙伴），多方面因素影响，律师未必是具体个人特定时期的最佳选择或唯一选择。

特别说明：下文列举公司或机构的先后顺序不代表规模或实力排序，相关评价也仅代表作者主观认识，谨供大家参考。

（一）法律新媒体公司

法律新媒体可谓是被微信催生出来的新兴法律职业，乘着社交媒体的大势，发展前景非常可观，平台资源与薪酬待遇不输于律所；该职业方向除了有普通新媒体的编辑、运营岗位外，部分机构还设置有更具法律行业特色的专业研究院、行业研究院、专业课程研发等岗位，有点咨询机构的感觉。

北京“无讼”，主要内容阵地除了微信公众号，还自行研发了“无讼阅读”App，其中有很多高质量的法律专业文章，可谓非常有影响力的法律新媒体；行业内几个主打法律内容运营、法律商业思维的新兴品牌，其主要团队成员就出自无讼原市场或运营部门。无讼背后主体并非传媒公司，而是一家科技公司，还推出了除内容外的专业产品，比如“无讼法规案例库”“无讼合作”“无讼名片”等，业内用户群体众多。

上海“智合”，主要发起人出自华东政法大学知识产权专业，智合的市场规模、商业模式非常成熟，除了新媒体端的内容产品，还有深度的行业研究报告、“智拾”App专业课程、一线知名大所的联合招聘等业务板块，与很多地区的律协有课程或运营方面的合作，市场和行业资源非常丰富。

上海“律新社”，可以说是行业内响应速度最快、资讯覆盖最全面的一家媒体机构。其重点关注的内容板块有点像传统媒体，比如行业新闻、重大活动、人物/律所报道、法律科技前沿等。基于与行业的深度切合，所积累的数据、链接的资源很深厚，同时也会负责承办一些大型的行业活动。

湖北“智善”，有点像地方版的“智合”，有很多个性化的东西，比如“大咖访谈”“青年律师汇”“智善talk”等栏目。

广州“熊猫法律星球”，成立的时间其实不长，但行业影响力及用户关注量的增长非常迅速。我与他们合作过一次在线分享活动，前期宣传、海报制作、话术介绍，整个流程都有准确的跟进和规划；包括我后来观察或参与过的一些运营活动，思路和目标非常清晰，效率很高，非常专业。他们的产品板块也非常鲜明，有专门针对律师的新媒体课程，也有正在研发测试的行业小程序业务，还主推深度结合行业的合同课程；此外还有另外一个定位金融投资法律领域的公众号在同步运营。

（二）法律科技公司

互联网+法律、法律大数据、法律人工智能……这些话题背后，少不了一家家在行业前端探索的法律科技公司。预测未来的最佳方式，就是去创造未来。法学生、律师法务、法官检察官，有越来越多的法律人投身到法律科技公司中，用技术驱动法律行业的变更升级。法学生如果加入法律科技公司，可以从事贴近专业的岗位主要有：知识管理、法律研究、产品经理、用户运营等。

成都斯沃茨（主要产品为法蝉，一款律师工作平台）设置有专门的知识管理部门，通过与律师/律所/团队的业务工作的零距离跟进，提炼出标准流程和知识产品，嵌入法蝉系统中，帮助用户快速熟悉和上手陌生的业务领域；同步推出的还有一些专业课程和办案辅助工具。

北京华宇元典（主要产品为法律数据检索工具元典智库、律师工作平台律智助手等）设置有法律研究院，其中汇集了优秀的前法官/检察官，大部分为研究生/国外博士学历，其大股东为资源雄厚的上市公司，可以在行业躁动时期，潜心打磨产品，钻研底层基础数据；也正因为这样的配置和资源，所以律师端产品并非元典主要板块，更多的是在承接来自全国司法系统的法律大数据相关功能开发业务，以及一些国家重点科研或学术研究大型项目。

北京新橙科技（主要产品为律师实务培训系列课程、律师工作平台Alpha系统）是一家把法律培训、行业内容、技术产品结合得非常好的公司，微信公众号“iCourt法秀”非常有影响力。依托早期律师实务培训积累下来的资源渠道和用户基础，产品Alpha系统覆盖速度非常快，各个功能模块、产品细节打磨也比较到位，技术团队就有不小规模；而相关产品研发、内容运营、客户维护等工作，都是法律专业的同学在参与或负责。

北京法天使（主要产品为中国合同库网站、出版书籍、律师助手工具等）则更贴近律师业务，除了人数不多的市场及技术团队，70%以上的人手都投入到了“中国合同库”“中国合同分类法”等专业知识内容产品的建设工作中；据说80%以上的资金也投入到了研究专员的薪酬待遇中。在这家公司，不但能够通过充分研究某个专业领域的合同文本、诉讼风险、司法实践理论而成为行业专家，同时还可以享受不低于同年级律师的薪资水平，可谓两全其美。

篇幅所限无法列出全部的法律科技公司，因为数量非常多（据统计2017年就超过了400家），并且还在不断增长。上文简单介绍作者了解比较多的几家，希望能够让大家对这一职业方向有初步认知。

（三）律所职能岗位

随着律师行业的愈发成熟与竞争加剧，律所/团队越来越强调一体化/公司化，因为一体化可以打破“单兵作战”的传统局面，带来内部专业分化，让每个人去负责自己最专业、最擅长的板块，各个板块进行协同分工，带来整体运作效率的提升；律所/律师运作效率的提升，意味着成本更低、质量更稳定、速度更快的作业模式，进而迸发颠覆性的市场竞争力。一体化律所/团队可以划分以下岗位职能（见表1）：

表1　一体化律所/团队岗位职能划分

岗位	职能
管理	制度建设、薪酬分配、资源整合、目标规划、客户维护、品牌转化

续表

岗位	职能
业务	项目管理、拆解分工、新人培养、知识贡献、客户维护
运营	知识管理、产品研发、品牌营销、市场拓展、客户管理
技术	技术研发、系统维护、网络推广、工具培训、数据分析
行政	财务管理、客户接待、文件及票据、业务辅助（法务秘书）
助理	业务辅助、行政辅助、运营参与，转正后评分定岗

管理岗一般需要有足够执业经验的合伙人律师担任，因为管理最考究综合能力；而且律所/团队管理是专业人员管理，无法单纯依靠制度层级，需要同时具备专业资历、市场判断、社会资源（含客户）、经营理念、个人魅力等素质，才可能统筹团队内外资源，形成合力，推动整体品牌与业务良性循环。

业务岗主要负责传统律师业务，在一体化团队中，同时承担新人培养、知识管理配合、常规客户维护等工作；如果团队规模扩大，则可成为类似“项目经理”的角色，更多负责项目沟通、接洽，并进行合理的拆解分工，由辅助律师、法务秘书配合作业。

在大家通常的理解中行政是律所边缘角色，其实不然。行政的辅助支撑能够帮助律师分担很多琐事乃至部分业务板块工作，提升团队成员的工作效率及生活便利，对团队整体的增益很大；只不过常规律所缺乏行政人员的晋升通道，以及与团队共同成长的薪资待遇，不利于行政辅助人员的培养和成长，但在一体化经营中，行政辅助岗将与其他职能板块密切配合，甚至参与业务、营销作业，发挥重要作用，上升为“行政总监”。

运营岗、技术岗在小规模律所/团队，通常会集中在一起，比如我就同时担任团队运营官和技术官；因为律师运营基于专业服务，会涉及一些工具配合使用，比如管理平台（Alpha、法蝉、Tower等）、效率工具（印象笔记、坚果云、幕布等），技术官负责研究工具，选择适合团队、匹配团队发展阶段及运营目标的技术对成员进行培训实施。有些发展更为成熟的律所/团队，技术与运营有明确区分，技术官真的就会负责一个IT部门，根据团队业务模式开发管理系统/工具，进行网络推广投放、数据分析，再回来优化、迭代团队系统/工具，乃至与运营官、管理岗一同调整团队业务模式，或者开拓全新业务方向。业内北京家理所、北京元甲所便采用了类似分工模式。

而就运营岗本身，其实还可以区分出知识管理和产品研发岗，以及市场营销及网络营销岗，类似于互联网公司“产品经理”“市场总监”的角色。业内以规模著称的盈科所，就有单独市场部门设置；还有的律所更为成熟，单独设立一家信息科技公司来负责运营和技术支持事务，甚至可以为本所之外提供服务、产生营收。

（吴皓）

观点碰撞：震言

1.我为什么要做律师?

什么样的人适合做律师？我真的适合做律师吗？这两个问题大概的回答就是“薛定谔的适合”，我们每个人都适合又不适合做律师，只有亲自尝试，去揭开面纱细细体验才会知道答案。当然，成功的职业生涯也许会让别人评论很适合做律师，但自己内心也会有自己的评价，人的一生总在矛盾中发展，所以我们的律师职业生涯大概也会在适合做律师和不适合做律师两种矛盾中向前发展。

矛盾不要紧，自我否定不要紧，感觉沮丧也不要紧，关键在于脚踏实地地带着这些负面的东西向前进，通过自己的加速度最终有一天挣脱这些“桎梏”。而在拥有更多可行性时，我们既不会困惑于这些关于可能性的适合不适合的思考，也会把向死而生的生活当作一场修行，活在当下接受自己“既适合又不适合”做律师的事实。

当然，我们做律师总有各种各样的初心，也许是出于青年的锐气和理想，也许是出于性格和生活方式的仔细考量，但更重要的还是能够继续前行。对于律师这个竞争比较充分的行业，我们享受尽情成长的另一面便是必须接受“尽情”的竞争。也正是竞争的精彩让我们在选择时会反复权衡，在“过河”的过程中，那些我们一开始看得很重的“适合的标准”也许没有那么重要，而心向往之反而才是最重要的。所以对于适不适合做律师这么主观的问题，我的答案也是很主观的，适合不适合要用事实说话，想做律师就会做得好，不想做律师就会做不好，而做得好就是适合做律师，做不好就是不适合做律师。

2.律师行业的特征：开放性

律师行业的开放性，我认为是律师专业业务的开放性和律师行业发展的开放性。

对于律师专业业务的开放性，我认为这既反映了律师是“T”字形人才，专于法律，但又广博地了解其他解决问题所需的知识；也反映了专业化的必然趋势，律师想要成为靠谱、高效解决法律问题的专家，就必然要对“T”字这一横有所选择，甚至在深耕某一领域后，对该领域进行进一步的深入学习，成为懂法律、懂行业（或者专业）的“+”字形人才。我和当事人沟通时往往会说，你们来找律师是解决法律问题的，而不是很高兴来打官司的，诉讼是迫不得已的最后选项。律师想要运用法律知识综合解决矛盾纠纷，也需要开放性的学习和运用其他知识。

法律产品化、“互联网+”、新媒体运营正日益成为我们这一古老职业的热点话题，法律业务所要求的严谨自然使律师会审慎对待新鲜事物，但是时代潮流奔涌而来时，我们也应该有原则、有技巧的与时俱进。

对于专业化潮流下的“降维打击”，其实也是我一直所苦苦思考的，“大争之世，何用推政？”当竞争不可避免时，直面竞争是第一步，观察竞争的趋势是第二步，形成自己的竞争策略是第三步。正如格尔茨所说，“法律是一种地方性的知识”，那么小城市的律师就应该立足当地、扬长避短。

3.在专业化律师+互联网

“互联网+”是时代的浪潮，特别是智慧法院的打造，更进一步推进律师行业“互联网+”的进度。律师个人的微信号和律所的公众号是很重要的品牌组成部分，并且随着微信这一实名社交平台的广泛应用，可以结合微信应用的特点甚至通过微信号和公众号进行长远的品牌影响并承载部分的工作沟通需求。

微信公众平台一定要有明确的定位和相应的风格，并通过持续的规划实施建立自己的品牌价值。而且公众号的持续运营可以和律师业务开展、法律产品相结合。对于律师业务开展方面，则主要考虑公众号的定位问题，如何给目标客户画像并针对性的引流。对于法律产品，则可以按年进行规划，对公众号的内容优化整合后推出书面法律指引产品。甚至有条件的律所可以直接在公众号中插入相应的人工智能法律咨询程序，达到高精度筛选客户的目的。

当然，新媒体运作和律师成长一样，既需要经得起时间的考验，也需要不断优化的规划和持续的推进，经营公众号也是很考验律师和团队能否“持”善念并做到日拱一卒的，需要的是耐心和执行力，而非浮躁的追求互联网红利，所以我们经营新媒体（包括但不限于微信公众号、博客等）切忌高估三年内的成果、低估十年后的发展。

4.如何准备律所面试

对于青年入职者被律所选择和选择律所，在我看来是双方双向的选择。虽然大家往往广投简历，但严格来说，是否投简历、是否去面试是律师的选择权利，是否通过初审、是否通过面试则是律所或者团队的选择权利。不能通过选择并不代表自己不优秀，往往只是自己不适合罢了。

所以在准备面试之前首先要选择去哪里投简历和接受面试，以及明确知道自己为什么要去这里投简历和接受面试的原因。否则茫然地随大流去投简历和接受面试，反而是对双方时间的浪费。就如同在没有资历面对面试的时候，说我愿意学、善于学是不能让面试方满意的。你是不是真心选择在这个城市立业，选择这个职业安身，从你的准备之中就可以看出来。远的可以看之前有没有刻意磨炼本职业所需要的专业知识，近的可以看是否对来面试的律所和团队有足够了解以及对自己入职之后职业生涯的理性规划。面试理应是准备好的律所和团队筛选准备好的面试对象，我们也应该用行为来证明有备而来，千万不要打无准备之战，也不要夸夸其谈，对于天天用证据说话的律师，用事实说话是最有力的。

5.青年律师如何选择业务方向?

我认为要坚持全面尝试、缓选方向的业务方向选择原则。到底做什么业务，往往不是那么迫切的选择，对于专业方向的选择，既要考虑本地的法律服务市场，也要考虑自身的实际情况，才能有一个比较明确的答案。

应该如何让自己专业化？——这个问题其实不是用来想的，而恰恰是需要在实践的过程中不断修改自己思路后产生的答案。特别是在中小城市，执业初期有一段“万金油”律师的经历其实是有益于自己长远发展的。因为通过对各种业务快速地尝试能够快速地得到真实的反馈，如自己是否擅长做这项业务，是否喜欢（或者是否讨厌）做这项业务，这项业务在本地法律服务市场的未来发展趋势等问题，都会在实践中有一个具体而真实的感受和反馈。也只有对这些具体而真实的反馈进行汇总并综合分析后，才能得出我要怎么办、如何取舍的真实答案。

在我看来，正确的逻辑是，我要做一名专业化律师，所以我要先做律师，然后通过做律师期间的广泛尝试，结合对本地法律服务市场的了解，参考个人的职业追求，最终多次调整修改后形成自己的专业方向。在形成专业方向的过程中，我放弃了很多机会，也争取了很多机会，也经常自我否定和自我怀疑，最终我坚持了下来，通过有代价的选择，形成了目前的专业方向。我知道，这只是一个开始。

对于中小城市的青年法律从业者或者预备从业者而言，对于团队和老师的选择是很重要的。正所谓外行看热闹，内行看门道，律所品牌、规模、专业作为初步判断是很有道理的，最终影响自己职业发展的，主要还是身边的团队和直接的老师。当然小城市律师很多时候直接考虑的是对于老师的选择，毕竟小城市的法律服务市场规模对团队化程度是有较大影响的。不过由于老师对于团队的主导性，所以选老师也就是选团队，一定程度上把人选对了就是选对了团队。这可能也是律师人合性的体现。

团队由直接老师主导，选择好的老师就是最关键的。而老师是否“好”的标准就在于是否能够满足自己的职业规划，特别是能否满足自己不断学习、快速形成执业能力的要求。每个人根据自己的职业规划自然会有相应“好”的标准。当然，“不好”的标准也很明显，比如将实习律师当作廉价劳动力，做与法律无关的事情，或者在实习过程中没有提供足够的学习机会等情形，都可以说是站在实习律师角度鲜明的“不好”的老师的特征，我们提前了解，远远避开即可。

除了正确选择一个好的律师，也要端正自己的态度，一定是我要学，而非老师要我学。你把自己当作律师，就会很快成为律师；你把自己当作学徒，那么学徒期在你拿到执业证后未必就想当然的终止了。律师要经常对涉及别人重大权利义务的事项上作出判断，所以自己凭什么能够负责任地作出判断，也是我们在实习期间应当常常自我考问的问题。

6.法律职业的多种可能性

作为小城市的律师，我虽然感受到了律师工作中非常重要但又不是直接业务工作的内容，但这需要一个有力的团队和足量的预期业务市场规模才能充分得以实践。而对于围绕法律行业的创业公司这一职业选择，则更是在我的职业规划视野范围之外了。所以这里主要谈谈对于律所非业务岗位的理解。

对于法律职业的多种可能这个问题，我认为是律师开放性行业特征的一个延伸讨论。虽然律师是特殊的法律服务业，但毕竟是服务业，结合律师行业特点的品牌营销、客户接待、客户维护和法律产品开发是很重要的，所以律所需要懂法律行业的非业务工作者，来专业地进行品牌营销、客户维护、法律产品开发等对律所长远发展有利的工作。这也是长久的趋势，一个包干了品牌营销、客户维护、法律产品开发等非业务工作和签订合同、准备证据、代理庭审等业务工作的律师是无奈而繁忙的，包干的效果也自然没有分工的效果好。所以根据自身的职业兴趣从事非业务方面的法律工作也会是很有价值、很有趣的一件事情。

（熊震）

第二部分　心有定计、跬步向前

律师执业不能只朝“钱”看

（一）营利不应是律师执业的根本目的

从个人的角度来说，我一直认为营利可以是律师执业的结果，但营利不应是律师执业的根本目的。我所有的职业规划都是从“律师是一种特殊的服务业”这句话出发的。因为从律师的职业特点来看，律师本身便是一种特殊的商业服务业，假如一个律师是以营利为其执业的根本目的，时刻准备着提高业绩收入而不是依法执业，那么利用相对于当事人的专业知识优势来谋取更高的利润便是一个符合逻辑、充满诱惑的选择。律师所面临的当事人也许不是很懂法律，但一定了解人性。当律师完全以营利为目的时，是难以给当事人提供有质量的法律服务的。长久的以营利作为律师执业的出发点，对律师的整个职业生命而言，是弊大于利的。

更何况，律师这一职业为什么不称为“法师”，我认为存在的一个原因便是“律”字相对于“法”字更强调约束与克制。律师的执业活动应当以依法执业作为根本出发点，《律师法》第2条第2款明确规定：“律师应当维护当事人合法权益，维护法律正确实施，维护社会公平和正义。”第3条中规定：“律师执业必须遵守宪法和法律，恪守律师职业道德和执业纪律。律师执业必须以事实为根据，以法律为准绳。律师执业应当接受国家、社会和当事人的监督。”其实这一条在一定程度上是对第2条中“三个维护”的进一步阐释，从维护当事人合法权益、维护社会公平正义、维护宪法法律正确实施到遵守法律、恪守道德、以事实为根据、接受监督，无不说明了律师在执业过程中要坚守法律的原则，对是不是合法权益、是不是真实事实作出判断，而不是不假思索地不论合不合法就维护当事人的一切“权益”，或是接受委托之后就不顾事实地“自由发挥”主观能动性。《律师法》中的规定，对于律师来说是贯穿整个执业活动当中理应遵守的原则，而原则对于律师，既是约束，更是保护！

律师虽然是法律服务提供者，但律师提供法律服务过程中必然要有一定的独立性和底线，否则不如不做相应的业务，很多新执业律师因为违规操作被处罚乃至因为违法操作身陷囹圄的新闻并不少见。即便律师行业的开局很困难，我们也应当自我约束，不要急于求成走所谓的“捷径”。律师完全以营利为目的还会导致的一个恶果就是本应该最尊崇法律的律师反而会为了营利而无原则地迎合当事人的要求，在违法的边缘不断试探，最终付出惨重的代价。

更何况，律师本身非官非商、无职无权，只能凭借对法律的专业和信仰来实现自己的价值。从这个角度讲，律师理应是对法律正确实施最忠诚的执行者。如果一个律师在执业过程中没有原则，丧失自己的独立性，不仅对长远的发展不利、容易埋下诸多“地雷”，更是对自身价值的不认可乃至否定。虽然律师行业属于法律服务业，要依法提供法律服务。但是，律师不应是商人，律师业也不能等同于商业，因此，不能在商品经济意义上理解律师所提供的法律服务的性质。[①]在当下的中国，虽然律师行业形形色色，却总有律师在为稻粱谋之时，也坚持着最初的追求——客户可购买的忠诚是有限的，律师职业的人格的一部分必须另外贡献给公益。而律师行业本身的发展规律决定了新人律师是要慢慢来，从业过程也是涉及法律的实施和一定的社会责任。

当然，这并不是说收入不重要，财务上的自由程度在市场经济下对个人的尊严和自由实现很重要，也是对个人价值的一种肯定。我们只是不应当将营利作为律师执业的根本目的，我更希望我们的执业之路是从想做自己感兴趣的事情开始，通过做有社会价值的事情来实现自己的个人价值。当我们做好了对社会有价值的事情，我们的个人价值自然会被社会肯定，相应的合理物质回报（盈利）也会自然到来。也是因为这样的出发点，我很自然地在

① 张志铭：《法理思考的印迹》，中国政法大学出版社2003年版，第83页。

职业规划方面就重视在法律风险预防方面有所探索并以之作为一种长久的执业策略，原因在于预防法律风险既是市场的痛点也是新执业律师的一种行之有效的竞争策略。

（二）预防法律风险是法律市场的痛点

特别是在中小城市之中，虽然重视和做好法律风险预防开始逐渐被一部分个人所接受，但是法律服务市场的主要服务提供者——律师事务所和律师，对于现代社会个人生活中的法律风险预防需求的增长却难以做到进行有效的回应。而法律人在今天，应当如何有效回应这一挑战，仍然在摸索中。

一方面，个人面临生活中不断增长的法律需求，往往是买房、买车、结婚、签租房合同或者厂房合同等日常生活经营方面的常见法律风险预防需求，却没有寻求法律风险预防服务的意识，或者即便有意识地想进行法律风险预防也难以在法律服务市场得到性价比高的相应法律服务。因为即便法律意识较强的个人愿意承担较为“昂贵”的法律服务成本（一般是法律咨询费用或合同草拟、审查费用），但有时候只是得到律师对合同的书面审查，而非考量整个交易之后对整体法律风险的评估和相应建议。并且，律师是否会提示签订合同和履行合同的注意事项和整体流程也是一个未知数。个人在日常生活中，虽然有法律风险预防的需求，但往往不去寻找法律风险预防服务。或者即便去寻求法律风险预防服务，也往往难以得到价格合适、效果满意的法律风险预防服务。况且，有些人也会对律师有一些先入为主的看法，比如认为“在民事诉讼中，律师就是那个把一半贝壳给了原告，把另一半贝壳给了被告，而自己却拿走了中间蚝肉的家伙；在刑事诉讼中，律师就是为坏人辩护”，[①]因而就更不愿意进行法律咨询和购买法律服务，提前预防法律风险。当然，笔者也承认对律师职业的一些批评确实需要每一个律师自省、自律、自强。比如，顾培东先生的批评也是律师应当定期反思的：“对司法现实中的缺失，律师更多的是宣泄情绪的牢骚与抱怨，缺少建设性的、务实性的见解与行动。”[②]又如，张斌生先生在2000年时发表的直接深刻的观点，直至今日也是律师诸君反躬自省、加强自我约束所应了解的：“我国律师正处于社会转型期，其执业活动往往受到各种诱惑、挑战乃至威胁，普遍缺乏对法律的信仰和忠诚，个别律师唯利是图、堕落腐化，理想情操、信念、宗旨都被市场经济庸俗化了，投靠权贵、趋炎附势，不认理不靠法，只认财与权，搞司法腐败，成为社会风气败坏的源头。”[③]

另一方面，作为主要依靠“出售时间赚钱”的职业，律师更倾向于去承接大标的的诉讼业务，或者整体打包的非诉业务（PPP、

① 刘琴：《律师取证中存在的问题及对策》，载《六盘水师范高等专科学校》2010年第4期。
② 顾培东：《中国律师制度理论检视与实证分析（中）》，载《中国律师》1999年第11期。
③ 张斌生：《中国律师的使命与境界提升》，载《中国律师》2000年第10期。

上市或者公司法律顾问等）这类利润空间较大的业务，而非“零敲碎打”的单次法律咨询或者合同审查服务。因为当事人一个简单的法律要求，比如“律师帮忙看看这份合同有没有问题”在实务当中解决起来却并不简单。特别是较为专业负责的律师，对于一份合同进行审查时会综合考量整体交易来提供法律意见，所耗费的心力和时间并不少；而且当事人自身的知识储备、心智也会较大地影响法律服务的效果，所以承接此类业务，有时对于律师来说确实是“性价比”不太高。

于是，对于中小企业和个人的日常法律需求，一方面个人不愿意寻求也难以寻求到合适的法律风险预防服务，另一方面“时间就是金钱”的律师考虑到业务的“性价比”也不太愿意承接此类业务。多因一果造成了中小企业和个人的日常法律风险预防需求仍然难以得到法律服务市场回应，需要探索更好解决路径的挑战。当然，中国的法律人也在积极地利用新技术来回应上述的法律服务市场需求，特别是政府主导下的公益法律服务产品正在越来越有效回应普通人的法律服务需求。比如用法律机器人、自动生成法律咨询报告、在线付费法律咨询等方式来解决此类的个人日常法律风险预防需求。虽然此类法律产品自诞生以来取得了较好的社会效果，但是此类法律产品一方面对使用者的综合素质要求较高；另一方面此类法律产品更多是针对纠纷已经发生之后的诉讼准备阶段进行指引，所以也很难直接回应个人生活中对于法律风险预防的需求。

（三）预防法律风险是新执业律师的一种行之有效的竞争策略

这是我作出上述对预防法律风险是法律服务市场痛点和趋势判断之后的想法。

正是因为当事人难以得到具有“性价比”的法律风险预防服务，同时对于律师来说提供有“性价比”的法律风险预防服务也很困难，在其中找到平衡点并持之以恒地寻找解决这一痛点的方法会是我们区别于其他律师的一个特点。尤其是在人工智能、法律产品化、服务外包、“互联网+”汹涌而来的现在，我们完全可以借助这些时代的趋势来解决法律风险预防的痛点。

一方面，我们可以通过制作关于常见纠纷法律风险预防的法律产品，比如可以制作民间借贷的范本合同、签订流程、注意事项来向当事人有偿或无偿地提供自助式法律风险预防产品，并且可以借助人工智能和互联网工具提高让当事人知道和理解“运用法律产品自助预防法律风险”这一过程的效率，使之能够低成本地达到预防法律风险的目的。随着现在高素质的当事人越来越多，这一做法在以后带来的社会效果会越来越好。

另一方面，对于新执业的律师来说，通过有效地解决“法律咨询服务”这一法律服务市场中的痛点和长尾部分，能让我们在个人口碑和案源方面有更好的积累。第一，我们通过提供远超出当事人预期的预防法律风险的自助式法律产品，让当事人对我们的职业道德和专业能力产生初步的信任，既承担了公益责任、减少了律师的客户筛选成本，也建立了良好的印象、提高了获得推荐的概率。第二，鉴于法律服务是没有存量产品的，客户普遍存在的一种担心就在于律师在客户付了钱之后才能提供服务，所以对是否购买法律服务往往心存疑虑（在实践中，案例营销的效果较好就在于通过类似的案子展示了将要提供的服务）。我们提供的预防法律风险的自助式法律产品相当于给当事人提供了“试用装”。那么当事人试用之后自然对可能得到的法律服务有了一定的感性印象和参考标准，这就很有利于产生后续的法律服务委托。第三，法律产品通过客户可以有效地进行传播，客观上起到了宣传推广律师的作用。第四，预防法律风险的自助式法律产品可以有效地筛选客户，律师不应当指望每一个来咨询的客户都成为委托人，但是鉴别这些客户需要花费的时间成本并不低。故而通过提供预防法律风险的自助式法律产品来筛选客户，能极大地降低律师的接待咨询成本。特别是对于蹭咨询的客户，律师出于对他们的理解和换位思考，坦坦荡荡地提供给他预防法律风险的自助式法律产品和如何自己打官司的法律指引资料即可。

除了能够解决眼前的问题，新执业律师能够处理好客户的预防法律风险需求也很有利于自己的发展。因为普通人不一定有打官司的需求，但一定会有预防法律风险（不打官司）的需求。那么，既然大家都需要预防法律风险，我们致力于解决预防法律风险需求的痛点和提供预防法律风险的自助式法律产品既拓展了我们的人脉、提高了我们的口碑，也让我们有更多创造社会价值的机会。长久积累下去自然会功不唐捐。所以对于中小城市的新执业律师，把解决法律服务市场在预防法律风险需求问题上的痛点和难点作为一种策略纳入长期职业规划是很有意义的。

（熊震）

实习律师的自我定位

对于个体来说，实习律师的自我定位必然植根在律师行业的核心竞争力，即个人能够在律师行业持续发展上升的关键因素——法律服务能力。

对于客户而言，关心的只是结果——你能提供怎样的法律服务？在市场中的企业，要么提供产品，要么进行营销，要么兼而有之。很显然，律师在市场竞争中是一个既提供产品（法律服务），又进行自我营销的微型企业。我们的法律服务能力的长远规划方向必然着眼在两个基本轴上，一为职业能力，二为市场占有。选择的困难性在于，我们如何兼顾职业能力和市场占有，使其能够相互促进、长远发展？

（一）执业能力

对于法律，我一直坚信两句话：法律的生命在于实践；法律是没有激情的理性。

每个案件的法律选用方法、证据选择方法都因人、因时、因事而异，律师只有通过经验和智慧，对事实和法律进行不同层次的判断，才能准确地适用到具体案件之中，以最大限度地保护委托人的利益。所以，在谈职业能力之前，必须明确一点，我们空有资格证，却无实践能力——大部分时候初出茅庐的我们无法给当事人提供能百度知道的知识之外的服务。

律师是一个先苦后甜的职业，通过法考并不意味着吃苦的结束，反而是吃苦的开始。根据我国的法律规定，律师必须在律所执业。于是，职业能力的养成可以简化为几个问题：去哪个所吃苦？跟谁吃苦？吃什么苦？

公司制律所和专业化大所能提供较高的起点，如果把握得好，能使同年级生先于同辈在某一领域有所建树，取得竞争优势，但缺点是容易让人变成法律白领，彻底"螺丝钉化"而难以掌握整体业务进行。小所、综合性大所则又害怕放养，抑或把实习律师当作拿学徒工资的行政人员。所以两相比较，关键是要选择能让自己得到学习机会的地方。律师有句从业的流行语曰："好老师和好所必得其一。”说的是要么从好的老师那里得到学习的机会，要么在有好的培养制度的律所里得到足够的学习机会。

至于吃苦，一则为学徒学习之苦，职业技能、知识积累、谈判接案，都要为了自己而去揣摩、疯狂学习。在某种程度上，如果只考虑自己能够做什么，那么，“悟性”这个比较玄妙的词对于初出茅庐的律师是比较重要的。

二则为稻粱谋之苦，律师行业并不是一个对于年轻人友好的职业。这一点也是一直会比较生动、深刻地体现在待遇上的，甚至有常言道律师是入行穷三年起步。不过辩证地看待吃苦和待遇问题，选择必有代价。

记住，要选择更好的学习条件，而非其他。

（二）市场占有分析

占有市场在于两个方面，竞争优势和营销。

竞争优势在于执业经历和门槛两方面。一个业务领域，除了律师的职业经历，最核心的不可取代性就是门槛了——这个门槛可以是某一方面的技能资格证，也可以是某种准入门槛。

通过不断地试错，不断地寻找机会，不断地分析新的案源出现领域，不断地谋求一个适合自己的业务领域。

至于营销，一则曾经办理的案子便是你的名片，这是最基础的。二则为同行眼中的你有多专业便是有多好的形象。所以，让我们一起追求极致的匠人精神，再根据具体环境选择适合自己的一二营销方式即可。

（三）对律师基本业务的思考

这里仅仅探讨个人独立执业的律师，不讨论授薪律师。因为个人独立执业的律师完整地体现了律师行业最基本的生存状态、完整的案件办理过程和未来的宽广发展可能，也能有助于对律师专业化的思考。我认可的思路是在一年到两年的时间内对各项综合业务进行体验，进而选择适合自己的细耕领域深耕。那么，初期律师面对的综合业务必然有如下三个特点：（1）量大，常见的诉讼类型必然提供了绝大部分的案源；（2）不难，常见的诉讼案件需要的只是合格的诉讼律师；（3）不贵，既然用基本功解决基本案件，自然是基本收费。符合这些特点的是基础案件，也就是律师的基本业务。那么，相对于律师基本业务的便是律师的中高端业务：有门槛、难度高、收费贵。

我按照法律部门对基本业务进行了一个简单的分类：刑则故杀

伤、毒品、贪贿、诈骗；民则离婚、继承、交通、保险、房产；商则股权、合同、劳动等。这样的案源可以在每一个城市中被发现，是疑难、少见、高收费案源的基础（相应的，高要求的案源必然只能在更大的市场中发现）。

我们要明确的是，律师作为法律服务行业，律师的专业化要与市场相结合，而非市场迎合专业化。律师执业初期的广泛实践不仅仅是为了获得生命力，更是去观察感受市场的脉搏。

青年律师应该把握好此类案源，扎实基础，树立形象，发现适合自己的专业方向。新律师执业肯定是要付出的（或者也可以说是吃亏、付出回报不成正比），但是如何正确的付出便是一个重要的问题，如果青年律师总是在一样的问题上付出或者没有进步的付出，那可能最后他也就会退出律师队伍。再者，法律服务植根于社会之中，一个律师思考其职业生命必然要考虑其所处地域的特点，所在地域不同，常见的案源不同，对律师的要求也不同。

我们既不应该高估青年律师前三年的发展速度，也不应该低估从业十年之后的发展成就。这是一个自我成长、自我打磨、自我塑造的长期过程。我们应该综合自身特点、所处环境、案源类型对自身的工作学习进行一个整体性的规划，去感受自己有机会把握的高端案源之所在，然后努力耕耘，从最初的综合化切合实际地逐步过渡到专业化。

要注意的是，法律是最低限度的道德，是社会的最后一道防线，是诸多社会控制系统中的一种，作为律师应当认识到自己的作用是虽有价值但也有局限的，律师在成长过程中应当始终心怀敬畏，不能骄傲自满，始终有所为，有所不为。

（四）实习期对职业和生活的选择

安身立命的选择必然涉及的问题便是毕业时如何选择城市和职业。就我个人的理解而言，安身立命就是选一城安身，择一业立命。安身更强调生活有所着落，立命更强调精神有所寄托。只要是自己的真心选择，便是一个好的选择。

对于初出校门的年轻人来说，选择职业和生活的时候往往是惶恐焦虑、难以决断。之所以难以选择，往往就在于把安身和立命两个问题混在一起，导致难以明白自己到底想要什么，进而一直难以选择。

从我个人的角度，我认为首先要剖析对于自身来说，是安身更重要，还是立命更重要。如果是安身更重要，那么选择的第一顺位当然是到哪个城市安置生活。如果是立命更重要，那么继续游学或者去做心仪的工作便是首要的选择。关键是，知道选择必有代价和每一个选择之后的所得所失，然后负责任地进行选择。

如果暂时不能有一个明确的选择，不妨延缓选择的时间，先行利用各种机会尝试、体验，进而再做一个真正发自本心的选择。毕竟，错误的选择远比慢一点的选择给人带来的伤害更大，转换赛道的成本也远比规划赛道所用的成本巨大。特别是在认识自己、认识社会还不够充分的时候，所做的决定应当是尽量给自己留有余地的，因为保守性的决定至少能带给我们后续的选择机会和选择资本。

如何生活、如何执业，相信大家都有很多的判断，也只有自己所做出的判断是值得去实践的，但是对于城市整体的发展和自己的优势、劣势不妨多多思考，至少有些趋势问题可以作为判断的重要参考因素。当时我选择回到小城市时有一个选择的前提，便是丽江是一个有生命力的小城市。虽然大城市在不断吸收人口，但是有旅游业作为支柱产业和本地人“家乡宝”的作风，使我相信未来几十年丽江的发展是不会丧失生命力的。有生命力的中小城市是我们选择回归的前提，否则中小城市一旦丧失生命力，在其中安身立命的我们的生活事业就不只是事倍功半的问题了。

无论如何，唯有崇尚更好的学习可能性能让选择简单化！所以，去寻找能够让你学习的地方，去寻找能够让你建立竞争优势的业务领域，去让自己具有别人无法具有的业务门槛。

（熊震）

律师成长的四个关键词

法律，从某种角度讲，就是写满人民权利和义务的纸；而律师，就是将法律从纸面上落到实践中的职业。“法律是实践性的，只有实践的法律才具有最终的意义，因此法律研究的最终归宿在于实践。”[①]故而，律师的修行，就是为了做到让当事人能够信任其实践法律的能力而非忐忑不安地先付钱消费。而法律服务的基础在于执业实力，律师只有提高自身的实力才能真正地提供优质的服务。所以，律师的日常成长就应当努力做到以下四个方面：正确认识律师营销的性质、每日磨砺自身的法律思维、努力洞明所需的世事人情、扎实地通过案卷进行经验积累。

① 程卫东：《论主体法律实践准则的构建——现代西方法理学的一个共同缺漏》，载《法律科学》1998年第5期。

（一）律师的营销：让当事人信任而非消费

律师的营销策略往往因为个体的不同而差异很大，所以笔者拟从当事人的角度来反推律师个体营销之关键。

无论是对某一法律业务领域流程的熟悉、流程人员的熟悉、流程常见问题处理的熟悉，还是对流程处理结果可能性的熟悉，都需要花费大量的时间成本、经济成本、体力成本，所以律师对该业务领域的经验和熟悉程度是把握司法流程各个节点的质量和效率的关键所在，有足够能力能解决问题的律师，才是对于当事人有价值的律师。故而，对有法律需求的当事人来说，一名律师越熟悉流程，越能依法发挥能动作用影响流程，就越具有不可替代性。

但是当事人是不熟悉法律的人，特别是大部分当事人是抱着无可奈何的心理状态来试试律师，作为一个服务业，作为普遍先收钱、再办事的法律服务业，或者说先签约再进行法律服务和产生法律产品的行业，律师职业的特殊性就在于，这是一个以信任为核心卖点的职业。

信任才是当事人选择律师、支持律师、推广律师的核心原因。

对于如何取得当事人信任的技巧，无非是换位思考、专业服务、耐心细致。但是真正事半功倍的点，还是在如何成为一个值得信任的律师，并让当事人认识到你是值得信任的律师。所以律师的营销应该是让当事人信任你，而非让当事人愿意消费你。

营销的先决条件必然是律师的原则性、正义感以及对法律的信仰，这是毋庸多言的。而营销的基础当然是专业能力的信任展示。一个律师要做到有实力的营销，就要先做到让自己日积跬步提高实力，不能仅仅让自己在年龄上、形象上成为所谓的“老”律师。我们应当通过积累实力和提高技术来让自己成为“老”律师。营销的基础在于实力，而实力提升的根本在于磨砺专业思维、了解世事人情、高效积累经验，下文将围绕这三个方面展开。至于如何把提高实力的方法和自身的营销相结合，则需要根据实际情况因地制宜、扬长避短，以所行所为树立个人品牌。

（二）专业的思维：需每日磨砺方可敏锐判断

当事人信任的律师，必然的共同点，是会问、会听、会答的律师。而律师的问、听、答恰如中医的望闻问切一样是“诊断”的必然过程。足够专业的律师甚至会在问、听、答三环节之前加上“望”这一环节，通过对当事人的观察和初步判断、用正确的问题引导当事人、敏锐地听取当事人的陈述、稳健地回答当事人的问题而达到让当事人对律师的专业能力产生信任的效果。

一名专业的律师要做到效果良好的望、问、听、答，除了相应的具体技巧之外，还需要做到对律师营销的正确认识、专业思维的日益磨砺、世事人情的洞明于心、长久的案卷积累这四点。

法律思维乃是法律共同体成员之思维。法律思维具有从长期的法治职业工作中、从法律适用过程中基于法治的要求而自觉或不自觉形成的特点。合法性、规则性、平等性、契约性、程序性、分轨性思维等构成了它的主要内容并表现出一些与众不同的特点：凡事以是否合法作为思考与处理问题的出发点；体现规则优先、程序优先、公平正义、权利义务统一性；重视证据依据，强调准确性，等等。[①]

拥有完善的法律思维是律师快速发现法律问题“七寸”的必然要求，一名律师的法律思维越完善，就越能敏锐地对法律问题做出正确的判断。所以，作为战斗在一线的法律行业从业者，律师应当有意识地不断完善自身的法律思维，以期更好地理解和实现三个维护。

法律思维的内涵体现在：法律职业共同体使用相同的概念、接受相同的价值理念、在法律问题的处理上能够达成共识法律思维是

① 胡建淼：《法律思维与现代政府管理》，载《国家行政学院学报》2011年第3期。

说服性思维，达成合法性结果必然有赖于正当性的推理过程和理由。法律行业相同的概念和价值理念，是律师合格从业的基础，也是进行法律思维训练的基础。那么，在这一基础之上，律师就应当着重通过训练自身的规范性思维能力和程序性思维能力来提高自身的法律思维能力。

一方面，法律思维是规范性思维，通过法律程序将一切社会问题转化为具体的权利、义务关系来处理。律师应当练习如何归纳当事人的问题实质并将之转化为法律问题，并且对其的转化应当全面、准确。在具体的练习方面，则主要是有意识地养成遇事即分析法律性质的强迫症。比如到超市购物把东西存进储物柜的时候，就要开始思考储存的东西要是丢了超市要不要赔？进而将其转化为存东西的行为到底是一个借用合同还是一个保管合同的法律问题分析，从而得出根据不同情况，有以下几种可能的法律回答。在进到超市挑选蔬菜时继续发散思维考虑路边停车、停车场停车、酒店停车出现丢失财物或者汽车受损等类似情况的赔偿责任以及相对应的权利、义务关系并进行总结。但是，在完成整个思考过程回来书面总结时，切记要找到穷尽法律检索能找到的最高效力的法律请求权基础，因为律师的法律思维练习永远是为了实战而准备的。

另一方面，法律思维是程序性思维，因为程序是相对自治的，所以对程序的重视，既是忠于法律的重要途径，也是能充分实现法律客观理性价值的必要前提。程序性思维的训练与规范性思维的训练大同小异，但是一定要培养对程序各个环节的敏锐性。

实践是指在法律案件中经历办案流程并用自身的办法提醒自己相关的程序性问题，而直觉是指对法律条文和立法原则熟悉之后带来的对程序性问题的敏锐和判断。笔者认为，对程序性法律、法规的法条进行抄写，对相关程序性问题进行写作是建立相关程序性问题敏锐性的不二法门。

（三）世事人情：让我们将法律落到现实之中

法律是一种文化现象，而一国的文化就是一种生活方式，所以真正影响法律和秩序建构的是实实在在的生活方式。我们需要在最细微的地方——这个国家最基层的单元里去观察国家意志的贯彻才能真正有效地判断法律的生命力。

对于经过长久法学专业训练的新律师，如果不能端正态度、重视现实生活中的世事人情，则连仅有的理论研究、逻辑思维以及自学能力三方面上的略略优势也难以发挥出来。因为洞明世事人情，是理解当事人、设计法律方案等所有法律业务之效果的决定因素。所以，对于律师洞明世事人情的必要性和训练方式，笔者想从科班出身的律师的劣势开始谈起：

第一点，法律的生命在于实践，初出茅庐的高中毕业生开始法学学习是有其力所不逮的，缺乏足够的实践经验，将导致难以正确理解法律背后的诸多因素与博弈。

何美欢老师就认为“中国法学教育在传授知识的层面上基础性不足、覆盖面不广”，在技能训练方面则“全方位缺席”。她多年来观察到的中国法科学生，只能达到了解知识和某种程度的理解的水平，缺少对法律的其他更高层次的了解。他们大多数呈现一种奇怪的知识结构：一方面能对“前沿的”、深奥的东西如数家珍，滔滔雄辩；另一方面不屑学习基础知识，对基本知识只有单薄的、贫乏的认识。[①]除此之外，“他们”总体来说缺乏对社会、经济、政治的深入理解，更不能把这些角度的思考通过适当的切入点运用到解决法律问题的过程中。[②]

第二点，单纯的法学学习背景意味着缺乏其他行业的经验，在接触具体的法律实务时，必然比具有相应背景的非科班律师有一些经验上的差距。恰当地使用法律解决实际问题需要四个方面的知识：一是法律专业知识，主要为理论和逻辑知识；二是对公检法系统运行规则的理解，一个案件的进行必然或多或少地与以公检

① 何美欢：《理想的专业法学教育》，载《清华法学》2006年第2期。
② 葛云松：《法学教育的理想》，载《中外法学》2014年第2期。

法为主的各类部门有所联系，正确地理解其内部博弈和外部制约有利于判断其行为弹性；三是涉及行业的运作规则及背景知识，尤其是涉及一些专业性行业的案件，缺乏对其行业必要知识的理解将使法律服务无从进行；四是对于社会文化的理解，其能使律师对相关的案件和当事人有一个足够的了解和判断。

第三点，想要做到洞明世事人情，是需要足够的积累和成长的，向着这个方向努力的律师，笔者认为可以针对性地做到以下三方面：

第一个方面，对于法律实践中博弈知识的积累。

法律上经常会遇到这样一种情形：只有少数的几个决策者，而且一个行为者最适宜做的事情取决于另一个行为者的选择，也即博弈。[①]所以，为了在诉讼过程中作出正确的博弈选择，对于公检法的内部制度和外部博弈要多观察、多阅读、多思考，并在有一定积累的基础上把握机会与公检法的工作人员进行交流。法律共同体之中，法官、检察官、警察、律师四个职业之间应该是相互思考、相互博弈、相互配合的，所以要正确地认识职业特点、把握

① ［美］罗伯特·D.考特、托马斯·S.尤伦：《法和经济学》，施少华等译，上海财经大学出版社2002年版，第31页。

相互定位，进而相互欣赏。

第二个方面，对于社会经验的积累。

律师要有一定的宇宙学、生物学、人类学、社会学的知识，才能正确地理解社会。因为律师只有正确地理解世界和人性，才能正确地理解人生，进而才能树立正确的价值观。很多青年律师初期难以坚持，不完全是环境的不景气和竞争激烈的原因，也有自身意识不清、没有想明白为什么做律师的原因。那么，了解自己，也是了解社会。

第三个方面，对于行业知识和背景知识积累。

这方面的知识就需要律师发挥终身学习的精神建立“T”字形知识储备了。例如，作为一个接触汽车行业法律业务的律师，自然就必须了解汽车的原理、常见的问题和修理方法、零件市场的情况和二厂货的判断、十万级别SUV在本地市场的竞争态势等技术知识、专业原理、行业情况等。这些相关的问题在律师开始接触和涉某一领域时，就应当有意识地去学习、去储备。这样既能够提高自身的法律服务效果，又能长远地树立起自身的竞争壁垒，是一举两得的事情。

综上所述，科班出身的新律师要正确定位自己，高度重视洞明世事人情对于法律服务的重要性，对公检法的内部博弈和外部制约、社会经验、行业相关知识进行持之以恒的积累，争取早日形成自己的世界观和方法论。

（四）经验积累：扎实的案卷功底

一本好的案卷，可以体现律师的功底。做好的案卷，既是存档之用，也是客观地向委托人展示产品专业化之所需。

为什么我们需要尽可能向委托人展示法律产品？

因为“一种职业是否能够建立起一个服务市场，取决于能否将其所提供的服务变成适于销售的商品。这包括，让消费者看到职业人员的专门技术的客观性，相信执业人员所提供的服务的价值，确信自己不能为自己提供这种服务”。[①]而非法律从业者，很难从感性上认可律师的辛苦和专业，所以通过可视化的法律产品的形式，是一个比较好的专业化展示方式。当然，卷宗仅是法律产品可视化途径的一种。

特别要注意的是，法律行业所做的业务并不是做完就算的，而做

① 黄文艺、宋湘：《法律商业主义解析》，载《法商研究》2014年第1期。

好、保存好案卷，能够帮助律师接受历史的检验。无论刚刚入行的实习律师，还是执业已久的成功律师，都应当重视案卷的归档，通过整理案卷、总结案卷来加快自己的经验积累和细节完善。因为一本做得完整、细致的案卷，是能够体现律师所进行的工作、案件的主要事实和证据、律师的思路和方案以及业务进行过程中的优劣得失的。

就民事诉讼业务而言，笔者将一本完整的案卷分为以下三个部分：

1.案卷封面。封面上可以按照律所的档案管理体系编号写好标题，可以写明接案日期、出庭日期、判决日期等关键时间节点，并酌情注明相应时间节点的重要事项。

2.案卷目录。案卷目录应当形成固定的模式。

3.授权委托书、委托代理合同、谈话笔录、会见笔录。要注意的是，即使是复印件，也应当尽量将此类文件留档，因为从某种角度讲，保留这些文件是对律师自己的保护。

4.判决书、裁定书、决定书、应诉通知书，举证通知书，出庭通知书、法院传票等。这类的法律文书，只要齐全并按时间顺序理顺即可。

5.起诉书、答辩状、代理词、申请书、法律意见书、备忘录、阅卷笔录、举证质证意见、开庭笔录等律师文书。这些文件主要是为了总结律师初步做出的法律判断和解决方案，以及后期的情势和转变情况，从而为撰写结案报告做准备。

6.原告证据清单以及证据文件。

7.被告证据清单以及证据文件。律师要尽量将己方和对方的证据清单和文件资料进行保存。

因为法官在案件的审理中往往是用查明案件、查明适用法律、作出判决的三段论逻辑进行推导。相应地，当我们做原告代理律师时，则往往会使用逆三段论即以目标为导向，逆推证据收集的逻辑，按主体、行为、后果的分类收集整理证据以形成能够证明我方诉讼请求的证据链。而我们做被告代理律师时，则会针对原告的举证逻辑进行证据收集。

所以，保留诉讼双方的证据清单和文件资料，既是为了我们检查自己是否做到了按正确的逻辑进行证据收集和举证，也是为了我们反省自己是否在具体的证据组织中形成了具有充分三性的证据锁链，从而为做结案报告做准备。

8.结案报告。结案报告附在案卷末尾，以证明案件的完整。结案报告并没有一定的格式要求，但总体的要求是能够全面地概括案件、正确地分析案件并把握核心问题、充分地总结要点和提出意见。只有将从案件受理到判决生效的整个过程、将案件各方博弈的整个过程、将律师心路变化的整个过程进行书面化呈现并突出重点，才能让律师有效地总结经验、自我提高。

在某些适当时候，可以将结案报告作为法律服务的一部分“可视化法律产品”提供给合适的当事人，以期达到共同成长和加深信任的目的。

（熊震）

律师的内、外功修行

律师开庭和诉讼的成功，从来不靠一时的灵机一动，而是依靠日常的内功修行和外功磨炼。只有日积跬步，积累法律专业能力，磨炼律师开庭技巧，律师方能内外兼修，从而真正实现《律师法》第2条第2款所要求的三个维护：“律师应当维护当事人合法权益，维护法律正确实施，维护社会公平和正义。”

日常的法律专业能力练习，是律师的内功，不显于外却决定胜负——律师对一个案件的准备往往需要在有限的时间内提供尽可能好的诉讼方案和法律文书，前述的挑战即律师专业化程度的直观体现。换言之，律师日常进行的训练必然是围绕如何能够在接触案件到进行诉讼这一过程中有效准确地提供合适的诉讼方案和法律文书而进行。

在庭审进行中，需要的是律师的外功——律师通过长久的自我磨炼，能够在庭审中穿好情绪的铠甲，握好语言的利剑。庭审的表现，是律师形象的一个重要部分，笔者将从实际的案例出发，认真总结庭审中应该避免的错误，进而集中谈一下庭审之中情绪和语言的分寸与技巧。

（一）不显于外而定胜负的日常内功修行

笔者认为，无论是对制定诉讼方案进行练习还是对法律文书进行练习，都离不开法律检索、法律研究、法律文书三个方面。不同之处在于制定诉讼方案注重对各个环节的影响因素进行总结和纵观全局的利弊衡量，而法律文书的写作则注重于专业化的体现即对案件核心要点的把握。由于诉讼方案的拟定涉及的专业知识较多、面较广，为了较为清晰地分析律师的内功修行，笔者在本文中仅就法律检索、法律研究、法律文书的练习和准备进行写作。

首先，法律检索的进行是为了法律研究和法律文书而做准备。

对于任一法律关系和具体案件的论述，必然以准确及时的法律法规为基础。相关法条、司法解释不准确、不及时、不全面，将会使诉讼活动在开始时就失败了一半；如果不幸采用已经失效的司法解释来设计诉讼方案，则诉讼活动成为一场灾难的可能性较大。准确、及时、全面便是法律检索的核心目标——虽然法律检索主要是指资料查询和获取的能力，但是并不仅限于此，检索的最终目的是解答问题，为了这个目标，形成检索策略而决定如何去查询以及查询什么资料。否则，为了查询而搜集资料是毫无意义的。[①]

律师作为法律的实践者，在长久的执业过程中要有计划地进行法律检索工作，力求高效的检索使用和及时的更新两者兼得。针对办理案件的初步法律检索需求，笔者将实践中总结的要点归纳如下：

1.在最高人民法院网站或者专业的法律网站比如北大法宝上找到相应的法律、司法解释和规定。在对某一问题的相关法律检索存档中，如果相关法律较多，则应在按发布时间和重要性排列的基础上，写一个摘要，以期能准确快速地反馈重点和注意事项，避免重复阅读。对于重要的法条修订沿革，也应当按修订顺序进行整理，以期更好地把握法条的精髓。在执业过程中律师要持之以恒地对律师常见诉讼业务进行一个整合性的归档工作，并且选择一些关键条文进行抄写或者朗读，这样可以促进用语和写作的专业性，对写作的“手感”亦有增益。

2.对单列的法律、司法解释文件归档时，内容中有引用的时候应注明引用来源，同时搜索相应新闻，如有立法更新则在法律检索文档中标注。如无则在标题中明确建立文档和更新文档的日期，以

① 何美欢：《论当代中国的普通法教育》，中国政法大学出版社2005年版，第170-173页。

便利日后的更新工作，避免使用法条时错过新的立法。对法律条文的引用统一使用脚注模式，按照论文格式统一所有格式。

3.在梳理案件事实的基础上，根据基础法律关系和争议要点，检索相关司法判决，形成初步的案件司法大数据报告。首先，要注意的是，我国并非判例法国家，相关的检索也未必会有现成的最高人民法院指导性案例，所以对于判决的检索要以案件事实和核心争点为筛选标准。同时，为了避免简单地套用判决中的判断和保证自己的思维不受影响，应当在完成初步法律研究之后再去完成检索工作，而非相反。

其次，法律研究是在法律文本和裁判案例的基础上明确审判要点，把握核心问题的裁判规则。即“法律研究的目的是一种预测，即对公共权力通过法院的工具性的活动产生影响的预测”。把握案件的法律关系和审判要点需要精准的法律思维，而法律思维的载体和直观体现则是文字。笔者认为，法律研究的练习准备，关键在于对核心法律问题进行文章写作。而之所以把法律研究的文章写作和下文的诉讼法律文书相区分，就在于法律研究的写作更注重于对法律思维的锻炼而非应用性文书的技能锻炼。在具体的研究路径上，建议按照要件审判九步法来进行研究。

从某种角度讲，对于当事人来说，看到律师写出的法律研究文章（比如诉讼方案、案情报告）或者基于法律研究所进行的案情分析，是对律师内功的一种直观感受。法律研究的文章，在一定程度上也可以成为法律职业经验所累积的软性门槛之一。

最后，法律文书是法律检索和法律研究的体现——思维模式和知识储备的最后输出成果，并且其本身具有的专业性会直观体现一个律师的法律功底。严谨、细致、准确、法言法语，是一个不断研习永无止境的过程，自当审慎之、常思之、时习之。一方面，注重对于日常的练习。可以围绕一个具体案例的卷宗或法院的裁判文书进行法律文书的写作，并在写作之后对法律文书是否结构合理、法言法语进行一个批改和总结。另一方面，将法律文书写作的成果与法律检索和法律研究的成果按照法律问题进行分类，能使日常训练在实务使用中的利用率得到提高。

综上所述，针对性的训练思维和文字并持之以恒地进行归档积累，是为了能够在面对限时处理的法律业务时胸有成竹。准备，是律师的内功，不显于外却决定胜负。

（二）长揖雄谈态自若的庭审外功磨炼[①]

笔者曾旁听了一个被告人涉嫌诈骗罪的刑事案件的二审庭审过

① 本文写于旁听云南云勇律师事务所主任田学勇律师担任辩护人的被告人涉嫌诈骗罪的某一案件二审庭审之后，在此特向田学勇律师表示感谢。

程，被告人在强调书证优于证人证言后情绪较为激动，向公诉人三次声称采证错误后公诉人予以直接回应，被告人更加激动，这时辩护人予以制止安抚，最后辩护人陈述时结合被告人的朴素感情表达（很直接地阐述孤证定罪的委屈和不明白），着重用简洁有力的语言强调了该案的关键证据采信问题，逻辑清晰又带有强大的感染力。

被告人和公诉人之间的情绪略微激动时，辩护人应该坐视还是应该制止？制止之后又应该如何调整接下来的辩护？对于这一问题的回答，笔者认为不仅要考虑庭审中控辩双方的对抗是否合理、是否在规则以内，更要考虑辩护人对其庭审表现的受众之理解，是只面向法庭，还是面向控、审、被告、旁听者四个群体？当庭审过程中出现一些变动，或是对抗色彩上升，或是被告人陈述有所变动，辩护人是否能够结合当时的情势，用正确的语言以及语气借势发挥是庭审辩护人表现合格与优秀乃至卓越的一个重要标准。

辩护人独立履行辩护工作时，既要重点突出，也要兼顾情景；既要不畏对抗，也要尊重规则。故笔者结合上述要点，着重从情绪准备和诉讼语言两点对刑事庭审中的注意问题做浅要的分析：

1.情绪问题：穿好铠甲，找准对象和角度。

庭审过程中，控辩双方既要避免被情绪带动，又要符合身份正确调动情绪。法庭本身就是一个典型的场域，身处其中的各人具有其特定的角色身份并且相互影响，所以避免不合身份的情绪问题，然后进一步正确调动情绪是法律人参与庭审的必修课。

就参与刑事庭审而言，笔者认为律师应清楚地知道自己所处的位置和应有的表现，然后恰到好处地应用情绪，既要从法官的角度出发强调关键点加深其印象，又要照顾被告人和列席旁听者的情绪使他们能正确表达自己完成庭审而又不至于被法官训斥，还要考虑到公诉人的具体情况进行针对性的诉讼语言选择。强烈或者平稳的感情色彩配合或强调或说理的诉讼语言，是庭审之中律师发挥最灵活的地方，也是最体现律师职业功底和执业态度的地方。

2.语言问题：重逻辑、慎用词，避免诉讼语言的非理性、逻辑硬伤以及大而化之。

诉讼语言的非理性主要是指使用语言的情绪错误和语言使用过于口语化的问题。诉讼语言的逻辑硬伤是律师庭前准备和自身逻辑性的产物，语言是思想的延伸也是传递信息的重要载体，在将事实论证由思维转化为语言的过程中的强词夺理或是混乱不清都是极其致命的错误。“有确定目标的说服者会选择对自己的成本最小化，实现目标之概率最大化的混合修辞方式，包括真实的信息、谎言、暗号以及情感感染。”[①]

为了避免这一错误，有效地把思维中的合理论证口头表达出来，笔者认为可以采取几个针对性的措施。其一是按推理逻辑分层次进行表达；其二是表达单个观点时先抛观点再论证；其三是对于关键词语可以适当重复；其四是注重用词的准确和简洁明了。

庭审不是讲座也不是演讲，庭审始终是为了查明事实，所以庭审中的语言要针对案情的争议焦点，切忌言之无物、浪费时间。比如法庭调查阶段仅是对证据三性即“合法性、真实性、关联性”进行质证，辩护人的语言应紧紧围绕三性进行质证但不能发表超过三性范围的质证意见。

（熊震）

① 波斯纳：《超越法律》，苏力译，中国政法大学出版社2001年版，第3页。

中小城市非诉业务市场分析

律师的非诉业务，顾名思义就是律师除诉讼以外的业务。常见的非诉业务有法律咨询和代书业务、出具法律意见书或律师函、合同审查业务、非专项法律顾问业务、专项法律顾问业务①和其他非诉讼法律业务②。从个人客户和企业客户的角度，根据其面临的非诉法律服务需求，对中小城市的非诉法律服务市场进行分析，以期能更好地提供专业的非诉服务。针对中小城市非诉律师团队在中高端非诉业务上的痛点，笔者建议从改变平台、增加背书资源、提高专业化三个方面进行针对性的改进，以期能为客户提供更具有性价比的专业法律服务。

① 专项法律顾问业务：包括企业的设立、兼并、解散、投资、融资、收购、金融、保险、证券业务、房地产、涉外等专项法律业务（包括但不限于出具专项法律意见书、出具尽职调查报告）。

② 其他非诉讼法律业务：商务资信调查业务、谈判业务（含帮助当事人签署合同业务）、律师见证业务、刑事非诉讼业务等。

（一）个人客户的法律需求

对于中小城市的个人客户来说，主要的非诉法律服务需求大部分集中在法律咨询业务（包含代书和合同审查）上，而从时间线的先后来进行区分，法律咨询业务可以分为预防法律风险的法律咨询和解决纠纷的法律咨询。

1.解决纠纷的法律咨询（兼谈业务模式）

解决纠纷的法律咨询是大家最熟悉的非诉法律业务，也就是诉讼前的会谈阶段。这一阶段如果是咨询常见的民事诉讼案件，比如民间借贷、房屋租赁、交通事故、离婚纠纷等案件，并不排除当事人多方咨询后倾向于自己操刀上阵或者在学历高、执业长、办公室最大、律所靠近法院的各有特点的被咨询律师们中选择收费最低的那一个。

换言之，此类常见纠纷由于专业门槛不高，不仅是在中小城市，即便是在大城市，如果不是复杂或者大标的案件，当事人往往会采用价格敏感的选择策略。特别是由于近五年来新增律所和新增执业律师人数的增长率很高，并且律师行业缺乏退出机制，所以充分竞争的市场和价格敏感的当事人将会让此类纠纷的咨询沦为价格竞争策略的主战场。

这类非诉咨询目前只是被定位为诉讼业务的先导，虽然属于日渐庞大的法律需求长尾市场，但目前仍然属于很难开发的法律市场。所以中小城市的律所往往采取免费咨询的策略来获取案源，有实力的律所则开始尝试采用智能机器人生成法律咨询报告等新的方式应对此类咨询以筛选客户提高获客率。

要注意的是，由于非诉业务具有综合性强、专业要求高、政策性强、潜在风险大的特点，所以即便是对于此类个体律师即可提供的非诉法律服务，中小城市的律师无论在何种情形下都坚决不能将合同审查业务或者专项法律顾问服务与法律咨询服务混在一起。也就是将前二者当作法律咨询服务收费然后草率地进行处理，进而因为简单的处理复杂非诉法律业务，使自己和顾客都承受完全不必要承担的高危法律风险。比如一份股权转让合同收合同范本的钱，那其中的隐患是非常大的，如果真的发生税费问题或者公司隐藏的问题暴雷，当事人可不会理解律师只收了合同范本钱的苦衷。

在业务模式的创新上，也有成功开发法律咨询服务这一长尾市场的例子。即便有一些很优秀的法律人通过只做某类案件（比如交通事故）达到了很大的业务量，并且其专门设计的从营销到结案的一套业务模式的专业化程度也受到了大家的高度认可，但是在此类模式中也明确显示了价格竞争是此类模式开发长尾市场的一个重要竞争要素，比如此类量大从优的业务往往不仅采取风险代理的方式，而且会采用前期垫付鉴定费的方式来获取客户。同时，笔者在对此类模式的观察中发现，非律师的庞大的基层法律服务提供者很快就模仿此类模式来获取客户，并且在营销获客上更加激进。所以，考虑到此类流水线模式的盈利取决于案源的数量，由于市场容量不大，在中小城市采取此类模式是否能达到理想的盈利是一个重要的考量因素。笔者也观察到，此类模式的加盟所往往在大城市，又或者是加盟律所的某一业务部门采用此类模式，从而具有更强大的适应力。综上所述，此类解决纠纷的法律咨询服务需求虽然历史悠久，但如何开发这一长尾市场需要我们结合当下的大争之世认真思考实践，以创新求自身之发展。

2.预防法律风险的咨询

对于此类在重大财产处理等需要签订合同或者具有法律风险的事项上有预防风险意识的当事人，法律服务市场的痛点在于律师的收费和其心理价位的差值过大以及律师服务的质量参差不齐。一方面，律师的时间成本导致对于此类既要考虑法律风险又要考虑交易风险的非诉业务收费较高；另一方面，律师非诉业务的水平参差不齐，并不是每一个敢于收费（无论高低）的律师都能给客户合格线以上的法律服务。于是，律师认为此类业务事倍功半，当事人难以认识到自己的工作量和价值，所以不太愿意做此类业务。而对于认识到预防必要性的当事人则难以寻找到具有性价比的此类预防法律风险的服务。

当然，法律服务市场也在尽力对此方面进行回应，一方面是各类指导当事人自行解决简单法律问题的书籍不断出版，起到了较好的社会效应；另一方面，各类标准合同的范本、签订指引也开始不断出现，以解决法律服务市场的这一痛点。但是，这也对当事人的综合素质提出了一定的要求。

（二）中小企业的非诉法律需求

对于小微企业来说，初期的目标是在竞争激烈的市场中生存、发展，故而虽然有非诉法律需求但并非迫切地需要，除非是不得不处理的刚需问题（往往是不得已的卷入诉讼）。同时，通过咨询熟人律师、自己学习，是小微企业应对法律问题的常见处理办法。所以，对于法律咨询、法律意见书、律师函，甚至合同审查类的基础法律需求，小微企业总体上是倾向于采用找熟人咨询的方式来进行解决。而在现实生活中，由于对此类基础法律需求的处理是对潜在风险的处理，不能马上体现出效果，并且很多律师仍然采用“顾而不问，问了才办”的传统法律顾问工作模式，所以大部分中小企业往往会有一种请了法律顾问但没有任何效果的感觉，进而对于此类的基础法律需求往往倾向于通过老路子——找熟人咨询来解决。

而对于做大之后的中小企业所面临的中端非诉法律服务需求，比如其中的股权转让和项目投资来说，如果中小城市的律师不能给客户带来保证交易安全之外的附加价值，很难让客户接受一般非诉项目的收费标准。特别是律师考虑非诉项目的收费时，放在首位的往往是律师自身高昂的执业成本，而非律师通过预防风险和法律服务给客户创造的价值，故而使律师与客户之间的相互理解、认可和合作处于较低的水准。

对中小城市律师不利的是，不仅是本地客户面临中端非诉法律服务需求时不认可非诉法律服务的价值，而且外地客户也更倾向于聘用外地大城市的律所来解决在本地的非诉法律服务需求，比如外地客户对本地公司进行收购或者进行项目投资所产生的非诉法律服务需求等。除了可能更熟悉自己聘请的律师而非当地律师之外，外地客户认为大城市的律所具有平台高、背书资源广、常做此类交易（熟练工）的优势。而从客户的角度（无论是来收购的大公司，还是进行并购的本地企业），有一种“大城市高平台的律师对于重大的非诉业务更专业”这样的想法是很自然的。更何况，大多数当事人难以对不同律师应对和处理复杂法律项目的专业水平进行客观的评析，所以选择大城市、高平台、高收费的律师反而是一种相对来说理性的选择。至于高端业务，基于同样的理由，中小城市律师更难以染指。更何况，专业化的领域越窄，其所要求的案源市场的区域范围就必须越大。除非有区位或政策等明显的特有优势，否则中小城市的律师冲击非诉领域的高端市场并非明智之举。

中高端非诉业务的获取（包括但不限于招投标、谈判）是一场阵地战，可以用“临兵斗者皆阵列在前”来形容。特别是由于非诉业务自身的综合性、复杂性、政策性、风险性，所以对于非诉律师团队来说，无论是团队的构成、平台的高度、背书的资源等平时积累的要素，还是服务的商业化水准、多维度价值的提供等非诉服务专业性指标，都是必须一刀一枪、硬桥硬马对抗的阵地战。鉴于此，如果中小城市的非诉律师团队意图在中端市场阻击从大城市来攻城略地的律师，就必须要从改变平台、增加背书资源、提高专业化展示三个方面自我提升，并通过提供多维度的商业价值来树立竞争门槛。

当然，在律师团队具体的非诉业务开展过程中，要考虑当地的产业情况和国家的政策形势[①]，并着重考虑法律服务市场的稳定性，形成自己具有差异性的竞争策略。同时，要在律师团队中重视培养具有较强专业知识和研发能力的律师，使律师团队在中长期的发展中拉开层次、取得优势。

（熊震）

① 比如近几年来的趋势就有积极发展混合所有制经济要完善国有资产的管理体制，严禁和惩处各类违法实行优惠政策行为，允许农村集体经营性建设用地进行流转，允许民营资本发起设立中小银行等金融机构，加强知识产权的运用和保护，政府向社会购买服务，允许民营资本通过特许方式对城市基础设施等进行投资、允许民营资本参与运营等方面。

执业初期如何开拓法律顾问？

作为一名小城市的律师，非诉业务的现状还是比较尴尬的，中端以上的政府国企项目协议（比如PPP）、立法项目等主要是本地优秀律师和外地律师团队之间的竞争，而一般的非诉项目则在《中小城市非诉业务市场分析》一文中分析了其中的痛点。所以在本文当中，我更多想从思路上与大家交流一下非诉业务（主要是法律顾问）的获取、维护、开发。

（一）法律顾问业务的拓展

从我个人的经历来讲，法律顾问的契机往往是从参与较正式的社会活动中来获得，只要新律师态度端正地参与社会公益活动，在这些活动中认真一些、用心一些，总会有所收获的。比如我在丽江一开始时参与的律所党支部成立、司法所调解、法律宣传活动、法律讲座（后文细述）、一村一法律顾问、法润脱贫活动、听证会议等活动都给自身增长了见识、扩展了人脉，有一些甚至带来了法律顾问的机会。

关于私人推荐的法律顾问难以成功的原因，主要在于熟人关系和新律师两个方面反而“1+1<1”了：新律师没有拿得出手的专业和资历，而熟人的介绍反而加重了这种先入为主的律师是新人不靠谱的印象，所以需要律师在关键的涉及重大利益问题上给建议、下结论的当事人自然不敢把身家大事托付给不靠谱的律师，更不敢轻易沾上试用了。而在正式的社会活动中，首先共同参与此类活动就带来了一种相互的初步认可感，其次在此类活动中律师得体的发言和风度举止能起到很好的宣传作用，让当事人有兴趣进一步了解律师的专业程度。这里我要强调在社会活动中如果有发言的机会或者安排，律师应该态度端正，根据活动的主题和自身的身份得体地进行发言，不要与主题无关地宣传自己或者发表偏激的言论，这样反而有可能给参会的众人留下恶劣的印象。

（二）法律顾问的初步接洽和签约

当当事人因为对律师的良好印象来找律师时（一般是中小企业），律师应当在面谈前留一定的准备时间。我一般会对企业的情况进行一个简单的检索，然后带着我的《法律体检方案》前去面谈。我先列举《法律体检方案》的目录和第一章程序性事项的主要内容，再结合这些内容进行谈案分析：

目录：1.公司顾问法律体检中的程序性事项；2.关于公司历史沿革的体检；3.关于公司经营现状的体检；4.关于债权债务法律状况的体检；5.关于动产和不动产的体检；6.关于知识产权的体检；7.关于劳动人事的体检；8.关于环境保护的体检；9.其他。

程序性事项：1.关于保密事项。律师在体检过程中，会获得很多调查对象的资料和信息，甚至是调查对象的一些商业秘密、重要技术信息。律师应结合体检计划，明确在进行体检过程中什么层次的资料和信息是重要的，并采取适当的方式获取相关资料和信息。在可能获知商业秘密情况下，履行保密义务是律师应遵循的基本原则，律师可根据相关方要求签署保密协议。2.注重细节并完善工作底稿。在公司提供体检相关资料后，律师应将已收到的材料列出清单，并由双方人员签署确认。对于尚未取得或还需要补充的资料，应列出补充清单，待调查对象进一步补充。对于调查中获取的信息，应做好留痕工作，完善工作底稿。3.对外合同制度的体检。关于合同签订、管理、追踪、归档工作，需要根据公司的实际情况和要求决定是否进行体检。

在面谈时需要注意的是一定要和公司的主要负责人（最好是董事长、总经理或者实际控制人）进行沟通，因为中小城市的中小企业的决策权一般集中于负责人手中，如果一开始不和主要负责人对话，是很不利于后期法律顾问业务的开展的。而且如果实际控制人在初期不与律师接洽，就说明该公司可能不是很重视法律顾问的作用，也没有很迫切地想请一名法律顾问。当我们顺利和主要负责人见面并开始沟通时，可以就先前检索到的一些公司信息简要地进行交流，并可以谈到《法律体检方案》，也就是对公司目前法律事务状况进行一个摸底，具体进行哪些项目和如何进行可以双方共同确认。这也是后期法律顾问工作开展的重要一环，争取防患于未然。同时，我们也可以通过这次法律体检来与公司进行磨合，让公司的管理层和对接人员理解律师的工作机制和特点，进而形成良好的沟通机制，为后续的工作打下良好的基础。

（三）法律顾问单位的维护

我对法律顾问业务的定位更多的是诉讼业务的先导，我们可以通过法律顾问业务开发出很多间接的价值。其一是法律顾问单位可能产生的诉讼；其二是法律顾问单位员工的法律需求；其三是法律顾问单位负责人圈子内朋友有法律需求时对顾问律师的推荐。律师如能有比较稳固的几家优质法律顾问单位，就会对整体的业务发展产生长远的利好影响。故而新律师对于法律顾问业务的操作一定要做好专业、放大格局。

而且我个人认为对于新律师拓展法律顾问业务，很重要的一点就是不要急于求成，要记住律师和法律顾问单位之间是双向选择的，避免被别人借“试用”的名义占便宜。真正有心聘请法律顾问的单位往往在一开始就会比较直率地谈及费用，而有些借着自己规模和名气“欺新”的单位其实也为数不少，明显的特点就是“画饼”和先让律师为他办事，但坚决不谈及费用问题。对于这样的所谓“潜在客户”，还是直接敬而远之比较好。这不仅是费用的问题，也是诚意和尊重的问题，而且业务开展的效果不会好。

（熊震）

中小城市律师的专业化路径

对于中小城市律师的专业化道路，我有以下两个方面的认识：第一方面，中小城市律师要正确认识形势，在完成职业化的基础上，不断提升专业化并重视团队合作。第二方面，中小城市律师的竞争策略应当是“立足基础市场，着力中端市场，冲击高端市场”。

（一）对律师行业充分竞争的认识

中小城市的律师对于现今律师行业的发展，主要是对律师行业充分竞争的认识、对律师行业“等待维度”的认识、对中小城市律师加强职业化的认识、对律师行业和团队专业化的认识。

从当下开始，律师行业已经进入了充分竞争的时代。最简单的一个指标便是人数，在社会主义法治社会建设取得重大进展的过去三十多年间，中国的律师伴随从恢复到发展的快速变化，执业律师人数已经突破四十万。

鉴于律师这一职业的生命力和长线执业的特点，三十多年的发展和积累让从20世纪90年代披荆斩棘、“跑马圈地”的前辈律师和到21世纪开始思索“红海市场”的“网络一代”青年律师，都在同一个法律服务市场中提供法律服务和相互竞争。那么，当下的新律师就应当对充分竞争这一个描述有一个充分的认识，做好思想准备和职业规划。

（二）对律师行业“等待维度”的认识

对律师行业“等待维度”的认识，是指在宏大的时代背景之下，个人必须回应时代发展所产生的新法律需求，而律师也应当、必须回应法律市场发展所产生的新趋势——“法律市场正处于史无前例的变动之中。我相信变革主要由三股力量来驱动：‘事多钱少’、执业泛化、信息技术。”[①]简单地说，就是基础市场的法律服务频次和价格会向事多钱少的方向发展，更多的非法律的专业人士将加入律师行业中来，而新的科技将显著地影响律师行业的

① ［英］理查德·萨斯坎德：《法律人的明天会怎样——法律职业的未来》，何广越译，北京大学出版社2015年版，第11页。

改变。

事多钱少即虽然法律基础市场（普通人类似交通、婚姻、借贷等被动性、偶发性的法律需求）的需求在增加，但是随着普通人的法律素养不断提高，标准化、流程化的法律服务和法律产品（特别是人工智能方面）不断成熟，这些领域的法律服务价格反而会降低。

执业泛化，一方面是非法律专业人士加入律师行业，如专门的营销人员、客户管理人员加入律师的团队，将这些律师执业中的环节更加专业化；另一方面是非律师的法律人士加入到法律服务市场中来，比较典型的例子是中国现在就已经有5000多家法律咨询顾问类公司了。简言之，执业泛化就是抢律师的饭碗的人不仅变多了，而且会越来越多。

从自身的感受来看，信息技术的发展在不断地改变律师的工作方式和服务产品，并将在未来对律师行业产生更剧烈、更深远的影响和改变。比如智慧法院（线上开庭、语音识别、电子送达）就已经开始在影响律师的工作方式了，而裁判文书公开、智能法律检索、大数据也是渐入佳境（至少律师开始尝试制作案件相关的判决大数据报告了），至于“抢饭碗”的在线法律指导、在线纠纷解决、人工智能产品则已经开始挑战传统的律师业务了。

（三）对中小城市律师加强职业化的认识

对中小城市律师加强职业化的认识，我想从律师行业中一个比较玄妙的词说起，也就是“悟性”一词。

作为崇尚法律、理性、专业的律师行业当然需要悟性，不仅是中小城市，在大型城市中也不乏律所对青年律师的发展和培养往往仅强调是否有悟性这一关键特质。我认为，这在一定程度上反映了律师行业的职业化程度不高。

职业化是一种工作状态的标准化、规范化、制度化，包含在工作中应该遵循的职业行为规范，职业素养和匹配的职业技能，不同的律所和律师在工作各方面的标准化、流程化都存在较大的差异。而谈到对青年律师的培养，我比较感性地认为，越能够做到标准化、流程化、人性化培养的律所，就越不会强调悟性这一词。虽然师傅带徒弟在现在的律师行业新人培养中是常见的传统形式，但是各个律所针对青年律师的培养机制正不断创新，各类市场化的青年律师培训营、青年律师学院也正雨后春笋一般的出现，以回应律师行业新人培养机制与时俱进的需要。

多因一果导致了律师行业新人培养的现状，但是在中小城市奔向未来的我们应该多想想其中反映的业务市场、业务模式、律所格局、律所结构等深层次的问题。

（四）对律师行业和团队专业化的认识

专业化就是在职业化的基础上对业务更加精细化、标准化、流程化，既能够保证业务的质量下限，也能提高业务的质量上限，进而在市场和行业内取得专业地位的认可。“在20世纪上半叶，绝大多数律师把自己定位为全才律师；而今天，大多数律师都承认并事实上吹嘘自己的专业化。”[①]专业化既是必然的趋势，也是当下法律服务市场的确实需求。我认为要在两个层次上理解专业化：一者为律师行业的专业化，二者为律师团队的专业化，并且律师行业的专业化是律师团队专业化的基础。

相较于其他行业，横向地进行对比，律师行业的专业性表现为，人们如果想从事律师职业，必须掌握从事该职业所必需的一套知识和技能。[②]律师行业的专业化，也可以理解为高度完善的职业化。

律师行业的专业化，同时也是律师行业产业化进程的一个体现——“律师业产业化，是指在市场经济条件下，律师业以市场需求为导向，以追求经济效益驱动力，兼顾政治效益、社会效

① 理查德·L.埃贝尔：《美国律师》，张元元、张国峰译，中国政法大学2009年版，第164页。

② 孙文俊：《律师业发展路径与制度保障研究——从律师法律服务产品化为视角》，南京大学2015年博士论文。

益，以产权清晰、管理科学、分配合理的律师事务所法人制度为载体，以法律服务产品为依托，通过不断优化法律服务水平和扩大法律服务市场，逐步使律师业向着规模庞大、分工明细、管理科学、服务优化的优质高效产业系统前进的发展过程和发展趋向”①。

对于律师团队的专业化，则主要是指在律师行业内部，对于某个细分业务领域树立同行认可的专业地位，也即“专业化的突出特点就是在某个专业要达到高精尖的程度，代表一个专业的最先进水平。律师所找准专业定位以后，就要在‘专’上下功夫，在律师所在的地区甚至全国树立专业的知名度”。②也就是围绕某一细分业务领域，面向足够大的市场范围，不断地钻研、积累、整合，进而在同行认可程度和业务水平等方面树立足够高的门槛。律师团队的专业化是未来的大趋势所在，律师行业的专业化代表的是效率、成本、效果的优化，而不是望文生义的只做某种业务。中小城市的律师应该在认识到律师行业产业化（专业化）和律师团队专业化的大趋势的基础上，提升自己的眼界和格局，选好自己的战场，走出自己的专业化道路，成为能给客户提供合适、合理、合用法律服务的专业律师。

① 李玉福等：《中国律师业产业化发展理论研巧》，载《政法论丛》2004年第2期。

② 邹丹：《中小型律师事务所专业化途径之我见》，载《管理观察》2017 年第6期。

（五）立足、着力、冲击

选择在中小城市进行独立执业的律师，首先，要立足基础市场，但要以之为后续发展的基础。法律服务市场中的基础市场，也就是最常见的偶发性、被动性的常见法律业务，比如民事诉讼中的婚姻、交通、借贷三类纠纷和一般的刑事案件。此类案件的专业门槛并不高，甚至某些素质较高的当事人可以咨询多位律师后便自行操刀。在律师行业的充分竞争更加充分的情况下，此类基础市场的竞争将进入可以预见的恶性循环：同行打价格战，把律所开到法院门口，甚至单纯地利用信息差赚钱。开展这些业务是刚开始独立执业律师的必经阶段，也是逐步自己独立负责案件、承担压力的成长过程。但是在这一过程中，我们应该秉持“只有小律师，没有小案子”的理念做好每一个所接手的案件，力争将其做成自己的精品案件，并不断地进行反思、总结、学习，逐步地提升自己的职业化程度。要注意的是，在这一过程中，年轻律师应当高度重视自己的职业操守，以诚信立身，以专业立足，不进行价格的恶意竞争，严格按照收费指引标准收费，对于没有诉讼必要的案件应坦率地告知当事人。这一阶段的目的在于适应法律服务市场，提升自己的职业能力，为专业化的发展打基础。立足是着力的基础，这一要点必须时常思考。

其次，我们要着力于中端市场，也就是有一定技术门槛的诉讼和非诉业务，中端市场的需求当事人往往既有充分的实力，也有挑剔的眼光。在这一阶段，放大格局和组建团队是小城市律师想要有足够的竞争力的必然需求。

值得一提的是，考虑到非诉很多时候是以诉讼为前提，与其用诉讼与非诉来对中端市场进行分类，不如按照市场领域来进行分类更适宜。比如选择股权并购中的酒店并购这一领域，要高质量地开展酒店并购的非诉业务就必然要以相关酒店并购的诉讼能力作为前提和基础，同时对酒店并购延伸出来的公司治理、股权设计、员工激励、常年法律顾问等业务也需要由足够的业务能力。

那么，围绕某一领域、某一市场的完整业务链条（无论诉与非诉）进行专业化的发力，形成配合默契、分工合理的业务团队，塑造在业务市场和同行中的专业地位，整合整个业务链条相关的资源，必然事半功倍，具有足够的竞争力。

最后，对于高端市场的冲击，则必然是长久积累之后的厚积薄发。从现状来说，应当是作为中小城市律师的一个希望，或者说，一个追求。虽然我们身处中小城市，但这并不妨碍我们在认清实际的基础上，力争做一个优秀的法律人。

（熊震）

如何看待“互联网+法律”

（一）爆炸

从“互联网+法律”到“人工智能+法律”，身处行业之中更能切身体会行业技术的变革之快，虽然这些技术目前看来距离能够触动整个行业的人力结构、商业模式还有一段很长的路要走，但放眼望去星星之火已然遍野。

中国的律师制度，正式恢复至今不过三十余年，相较于其他很多传统行业，极为年轻。而在律师行业短暂的发展时间内，近几年所发生的技术革新，我觉得可以用“爆炸”来形容：在极短的时间内、极高密度的碰撞、聚合、变化。

同为传统行业，互联网技术为什么会在律师行业更能产生这种“爆炸”式的技术结合？得出原因有三：第一，律师工作常年触及各类行业，理论上具备更强的资源（技术、资金、渠道）整合能力，而很多传统行业的经营环境相对闭合；第二，律师工作通常面对开放性问题，因而需要不断地去学习交流，进而会具备更开放的心态与沟通能力，能够把握新技术的要点，知道如何为行业所用，能够与工程师更好的共处、合作；第三，律师工作的核心是人，互联网所强调的“连接”概念，对于律师行业有着天然的适用性，而很多传统行业可能偏向于对物。

（二）维度

对于律师而言，普通法律服务市场是一个低维度的生存空间，这个空间里面所能够提供的生存资源有限，而且已经容纳了超负载的律师人群。随着新技术对法律服务市场中供求双方信息交换速度加快、交换程度的加深、交换范围的加大，将会有越来越多的法律服务被降低到低维度，而在低维度法律服务层面更具速度、准度、价格优势的人工智能进入，低维度法律服务的生存空间会被逐渐挤压，然后再一次降维，直至将人工服务排除在外。

面对法律服务市场的“维度打击”，“专业化”服务是获得“逃逸速度”进入更高纬度、获得更广阔生存空间的关键。

（三）拥抱

这些变革，我们应当以何种姿态面对？

在对一些线上法律服务平台的观察中，我注意到一个有趣的现象，早期的时候“互联网+法律”主要是网络公司在做，因为大部分律师并没有相关的技术背景，大部分律所也没有专门的技术部门配置；而越往后期，越来越多的以律师主导的科技公司涌现，所提供的服务项目也从早期的“辅助”律师向与部分常规律师业务“竞争”的状态。

因为有律师参与甚至主导，所以在后期的这些“互联网+法律”产品中，无疑有了更多对行业的理解，对用户行为、用户需求的洞察，在服务的专业能力、服务质量的管控上，都提升了一个层次，以致隐隐对当前律师行业形成“冲击”之势。

在我看来，法律行业的服务模式最终的变革，不会来自外界，而是由内部引爆。随着越来越多的律师开始拥抱这些新技术、新模式，律师行业自然划入另一个时代。

诸如无讼这样的公司，他们的服务发展会越来越基础，主要面向最普遍的用户与最普遍的需求；而律师个人、律师团队、精品律所应当做的，就是去了解、拥抱新的方式，利用这些法律服务的基础设施，同时也可以去研发自己专用的技术、产品，用于提升专项服务的客户体验、服务质量。

谁会被淘汰？我认为是，既不能提升服务的专业水平，达到高端定制法律服务的维度；又不懂得使用别人搭建的基础设施，提高法律工作效率的人。

（吴皓）

青年律师如何利用新技术快速成长?

互联网、大数据、人工智能，行业与技术的结合为青年律师带来领跑未来的契机；微博、微信、直播，新媒体的兴起为青年律师提供了前所未有的发声渠道。这是一个助力青年律师高速成长的时代，更是一个需要青年律师坚守初衷的时代。

（一）拥抱互联网法律技术

近几年，随着法律行业与互联网技术高密度的碰撞、聚合，有影响力的互联网技术法律产品层出不穷。有的面向基础法律服务需求，让普通人能够以合理价格获得更为优质的法律服务；有的则倾向于为律师提供业务辅助，解放律师时间，推动业务升级。互联网技术是法律行业的时代机遇，也是青年律师未来执业生涯必将面对的挑战和冲击，我们在其中应当如何自处?

1.运用：君子善假于物

面对形式繁多的法律技术产品，我认为青年律师应保持足够的好奇心与审慎态度。需要充分发挥律师搜集、掌握信息的职业能力，去了解与行业相关的技术产品，哪些只是概念炒作，哪些则真正切中行业痛点，可能成为变革契机；在理解的基础上，审视这些产品背后的架构、机制，结合自己所处的行业环境、职业阶段、发展需求，判断能不能为我所用。

君子性非异也，善假于物也。法律技术产品的研发、完善，终将成为律师服务的外延，懂得合理运用的青年律师，无疑能够借助这些外延提升效率、打破时空限制，为自己，也为客户，创造更多价值。譬如在线法律服务平台，通过互联网媒介向无限广泛的用户出售法律服务，律师的智力成果得以发挥更大价值；借助法律大数据技术，我们可以高速挖掘大量判决文书、法律法规之间的关联价值，进而评判案件走向、市场容量等；法律人工智能能够代替律师值班，为客户提供基础的分析、咨询、审查等服务，节省律师时间来处理对客户更有价值的服务环节。

2.合作：成为缔造者

法律技术的发展会不会取代律师人工服务？这类担忧更多来自业外——真正创造服务价值的律师，自然明白法律服务的独到之处与难以替代的内核，对于那些法律人工智能取代律师的言论，只会一笑置之。反而，无论是在线法律服务平台的产品提炼、标准化，还是法律大数据的前期采集规则制定，后期对结果的分析、加工，抑或法律人工智能形成经验和判断力背后的专业数据库支撑，都离不开律师的智力贡献。

青年律师有着专业背景，又经常接触互联网技术，在理解和学习新技术上具备天然优势，有很多机会可以参与到互联网技术产品研发当中。但同时，法律技术也对其背后提供智力支持律师的专业程度提出了更高要求，因为互联网技术人员最擅长的是数据整合、搜索领域，亟须深度理解专项领域并有足够实践经验的人参与其中，来提升服务的质量与覆盖面。

3.变革：跟进市场升级

法律技术产品提供服务的同时，也在倒逼青年律师向着专业化市场进发。基础法律服务市场存在大量可以标准化、自动化的业务，随着法律技术革新，这一层级市场的人工服务难免被更具速度、准度、价格优势的法律技术产品挤压、淘汰；法律服务的供方信息越发透明和容易获取，买方拥有了更多决策参考。

青年律师唯有充分运用法律技术来节省自己用于机械劳动的时间，将更多精力投入到研发定制化、专业化的法律服务产品，提升专项服务的客户体验、服务质量；同时注意通过多种渠道，累积专业定位方向的数据，在客户的选择范围内形成差异化优势，向专业法律服务市场进发，方能获得更广阔生存空间。

（二）借力新媒体品牌营销

律师工作的核心是“人”，移动互联网所强调的“连接”概念，对律师行业有着天然的适用性；微博、微信、直播，这些随移动互联网兴起的新媒体，为青年律师提供了前所未有的发声渠道。

1.运营：学会规划管理

新入职的青年律师，因为对新媒体的使用和接触更多，经常被团队或律所委以官方微信运营的兼职。看公众号与自己做公众号毕竟两码事，从内容组织到版面设计，要做好不容易；更令青年律师纠结的是，刚入行的时候业务知识还得从零学起，不希望把时间精力消耗在这些方面。

其实新人律师总要负责一些公共行政事务，但同样是打杂，新媒体运营比起打印复印贴发票，有更多值得思考、学习的地方。比如优化排版流程，精心设计几个版面反复套用，自己节省时间，视觉上清爽统一，律所负责人也满意；再如预先组织、计划内容生产，空闲的时候完成内容审核、排版，有周期规律的推送，不占用业务工作时间。

当然，行业新媒体运营的背后，还需要有对律师行业的认知，对客户思维模式的洞察，这些并非一朝一夕之功；然而青年律师若能做好规划管理，提升效率的同时从中汲取养分，对于下一步打造个人品牌大有裨益。

2.写作：高性价比的营销

随着信息传播速度提升、信息传播载体普及，写作对于青年律师而言，是一种成本极低，而效果极好的营销方式；并且内容一旦产出，能够持续发挥宣传效果，它会不断地向看到它的读者传递你的观点、思路，展示你的思维、能力。我们可以通过输出具备足够专业价值的内容，获得业界同行的认可，获得更多机会，自然衍生出业务机会。

其实律师日常工作与客户、当事人、法官沟通，久经锻炼，已经有了丰厚的思路储备，无非缺少一种书面表达的习惯养成。这里推荐青年律师通过碎片化的方式来训练写作能力，从业务实践中的法条理解与运用、时事新闻的法律评论、办案过程中小经验小技巧的记录开始，内容不一定完整，先诉诸文字，打破内心障碍。这种碎片化的输出方式接近语言表达思路，十分容易上手，累积到一定程度，自然能够形成文章。

3.品牌：坚持专业定位

在新媒体时代，对于能够坚持写作的青年律师而言，就拥有了一张电子名片。从字里行间可以看出他思辨的逻辑，从坚持时间长短就可以看出他做一件事情的态度。青年律师若在某个专业领域积累了足够多的优质内容，同行、客户、朋友、新认识的人，都无疑更有理由认可他的专业水平。

作为职业律师，在通过新媒体塑造个人品牌的过程中，还是需要找准专业定位，与业务积累形成协同效应，方能进一步发挥新媒体对青年律师的传播价值。

（三）潜心专业化律师之道

法律技术倒逼业务升级，新媒体则是强化专业品牌的有效渠道。专业化是一项系统工程：理论上，需要构建完备、成体系的专业知识；营销上，需要为自己贴上专业标签；业务上，需要有工匠精神，此乃安身立命之本。

1.理论：沉淀输出

青年律师写文章，结合自己爱好、对技术的熟悉，当然容易脱颖而出；但想要获得同行、客户对自己专业水平的认可，则必须强迫自己形成内容上的专业化。在日常工作中，首先注意反思总结，以文字形式积累接触到的实务经验、文书合同、专业文章；其次进行专题研究，选定一个方向，一篇一篇地去研读相关裁判文书、穷尽可能地搜索相关规定。这些笨功夫下足了，才能建立起自己的专业理论体系。

形成自己的专业理论体系后，才能在文章中有所依附，对专业领域深入讨论；这个输出的过程也是在检验自己对理论知识是否全面理解，是否能够做到有理有据、逻辑清晰的文字表达；最后，通过持续往复的“积累输入-形成专业理论体系-内容输出”强化过程，青年律师逐渐能够形成自己在专业领域发言的权威，获得更多自然的传播从而扩大自己影响力，塑造专业的个人品牌形象。

2.营销：专业标签

青年律师对自己的营销，需要找准专业定位，给自己贴上专业标签。专业标签不是自说自话，需要同时获得业内同行、业外客户的认可，才算是真进入了自己所标榜的专业业务领域，从专业标签中获得业务流量。

青年律师在选定标签后，一方面，要建立专业理论体系，在各个新媒体渠道分享交流，扩大影响力；另一方面，要开始注意在专业标签内的业务实践，通过参与、主办的方式，累积案例数据——在互联网时代，这些都是同行、客户能够查询的，购买法律服务决策依据信息。

青年律师在最初选择专业标签的时候，建议先从一个大方向开始，避免自己所在地区的专业法律服务需求在自己选定的专业标签范围内没有足够的存量的情况；然后再根据市场反馈、案例数据积累的情况，最终确定一个符合市场实际的细分专业市场标签。

3.实践：工匠精神

青年律师的专业化道路，需要秉承工匠精神，锻炼、打磨基础技能，苛求、优化业务细节。律师工作以服务为主体，每次服务需要像艺术品一样精雕细琢，思量再三，才能最大化实现客户合法权益。

法律技术、新媒体或许改变了青年律师些许成长的途径，不变的是走向一名成熟律师需要付诸的努力。青年律师想要从青涩学徒走到合格匠人，少不了对业务的琢磨、通透。法律文书中一个错误或者考虑疏漏，一词一句差异，就可能使客户在纠纷中陷入被动，难以挽回损失；诉讼、保全、执行程序中，没有把握好时间节点、未能及时、正确的与法官沟通，都可能导致客户劳时费力，结果一无所获。

选择了律师行业，就选择了以自己的服务结果佐证职业价值，以对专业服务的卓越追求来赢得成就、回报、尊严。抱持着如此信仰，从理论积累到业务实践沉浸投入，才能真正在一个专业领域找到属于自己的位置。

（四）结语

互联网技术与媒体不断消解着投机取巧、资源垄断的竞争优势，为青年律师提供了信息高速流动、市场评判维度丰富的竞争环境，能让身无长物的年轻人，也可以在时代的机遇中拿到属于自己的一块蛋糕。互联网时代，大数据时代，人工智能时代，在变幻莫测的时代背景下，我相信抱持专业精神的青年律师自然能够觅得加速发展的职业道路。

（吴皓）

律所新人生存与发展指南

（一）反馈沟通

新人律师工作，及时反馈非常重要。因为在工作初期，对于法律实务、团队负责人思路的理解往往不是那么到位和精准，我们硬着头皮去做，很容易与目标发生偏差。这时候一定要及时反馈遇到的问题和进展，说不定还有后续跟进事项，团队负责人根据反馈可以加快推进速度，进一步扩大战果。

还有一种情况，站在管理者角度，有些事情团队负责人自己也没做过，只是大致有个方向判断，具体难度和路径其实不清楚，就让你先做做看，你也问不出更多可依循的经验或信息，这时候一定要边做边反馈。通过每个小阶段的反馈，让团队负责人及时获知事项进展信息或你遇到的困难，他好根据自己的经验判断可行性与方向，可能给你解决困难的思路或资源，也可能帮助你调整执行的路径或方向，也可能觉得障碍确实很大，主动让你终止任务。

（二）敏捷执行

有的时候团队负责人交代一项任务，直觉告诉你相当艰巨难以完成，你的内心顿时充满了本能抗拒，这时候一定要忍住，千万别直接告诉办不到。同样的意思，我们可能会有很多表述模式，比如讨论可行性，跟他讲困难，或者反问他一些概括性问题等。正确的处理方式是什么？

二话不说，领命执行。

事实上，一件事情再难，也总有我们可以去做、找得到思路的简单部分；再复杂再理不出头绪，也总有那么几种路径可供尝试，我们需要去做的，就是尝试推进所有我们能够想到的解决方案，在实际执行过程中收集第一手的信息资料（困难障碍、尝试结果、所需资源等），这些“敏捷”的执行其实都在我们力所能及范围，并且不会消耗太多时间成本；在此过程中，每个小阶段，都要及时与团队负责人沟通反馈，再来决定下一步执行方向。

（三）提升标准

律师行业新人，尤其实习生，最常出现的一个问题，就是未能从“学生”角色向“职业”角色转变。初入职场，允许有笨拙、学习的过程，很正常，但很多事情其实本身没多难，做到什么程度，完全取决于你是否提升了自我“标准”，不是及格就行而想着要超出别人预期，这样才能获取更多成长的机会与资源。

（四）能力模型

律师是一种对人的综合能力要求比较高的职业，我梳理了团队成员“能力成长树”模型供大家参考（见表1）。其中包含了考评规则，但设计这个表格的初衷并非要去强制谁做到什么事情，因为小团队人数不多，实行扁平管理，其实更强调自发驱动的作业，所以这个模型更多是引导性作用，让新人律师了解作为职业律师应当具备的各板块能力，从而有意识地去学习提升，快速成长起来。

表 1　团队成员 · 职业能力成长树

说明	评级实施方式	1.每周/每个月，导师评价——引导作用 2.每半年/年终，三维打分——绩效挂钩 3.三维打分：导师评价、成员互评、自我评价 4.导师评价最终汇总，除以次数求平均值，作为三维打分导师评价结果

续表

	先分项评级（二级标题），再分板块（一级标题）统计	1.三级或以下标题为评分参考维度 2.各项评分：C级1分，B级2分，A级4分 3.各项得分相加，求平均值，为板块评分 4.板块评分：C级1分，B级2分，A级3分 5.出现小数：高于当前等级0.5以内（包含0.5），为当前等级+；高于当前等级0.5以上，为下一等级-；高于A级0.5以上，为A++
	eg	1.能力板块，工作配合得A，沟通表达得B，职业素养得C 2.总分得7，板块评分为7/3=2.3，则板块评级为B+ 若板块评分为2.6，则板块评级为A- 若板块评分为3，则板块评级为A 若板块评分为3.6，则板块评级为A++
一、能力	（一）工作配合	1.正确理解工作内容和工作目的，迅速执行，细节完善 2.工作效率高，时间和资源、经费的利用达到最佳 3.负责/参与维护顾问单位，执行诉讼/非诉专项，有效解决客户问题
	（二）沟通表达	1.善于沟通客户了解需求，具有亲和力，达到沟通目的 2.信息收集高效准确、全面，及时向项目成员反馈 3.能够进行公众演讲，与听众形成有价值的互动
	（三）职业素养	1.灵活变通：灵活多变多方案迅速转换处理事件 2.文档制作：专业、准确，形式精美，逻辑结构严谨、语言表达精炼，内容达到目的 3.出庭/谈判：反应敏捷，善于抽象概括争议焦点或各方的思路，能把握全局

续表

二、勤勉	（一） 积极主动	1.主动承担额外任务，且高质量完成 2.长期坚持学习、更新、积累专业知识 3.工作中善于归纳总结、发现问题，并经常提出新思路和建议 4.能够长期严格遵守工作规定与标准，有非常强的自觉性
	（二） 工作效率	1.及时响应工作、帮助或要求（团队/客户提出的） 2.迅速解决问题，远低于预期时间 3.将工作进度/完成情况反馈到团队项目成员/客户
	（三） 商务形象	1.衣服、饰品、手袋、皮鞋等，得体、整洁 2.妆容、发型明亮、干练、自然，注重细节 3.言谈、举止大方，符合风俗习惯、传统礼节及商务礼仪
三、业务	（一） 常年顾问	1.独立负责顾问单位数量 2.参与维护顾问单位数量 3.顾问单位规模/工作量/收费 4.质量：顾问单位/导师评价
	（二） 诉讼案件	1.独立负责诉讼案件数量 2.参与配合诉讼案件数量 3.诉讼案件复杂程度/工作量/收费 4.质量：委托人/导师评价
	（三） 非诉专项	1.独立负责非诉专项数量 2.参与配合非诉专项数量 3.非诉专项复杂程度/工作量/收费 4.质量：客户/导师评价
四、运营	（一） 营销宣传	1.担任主讲人（分享日、其他公开讲座/培训等） 2.负责/参与组织团队运营活动（分享日、专题培训等） 3.负责/轮值团队公众号维护、排版推文 4.在团队公众号发布专业/其他内容

续表

	（二） 专题研究	1.负责/参与团队《××纠纷报告》研发 2.撰写团队专业方向《专题报告》
	（三） 产品研发	1.用协作平台进行产品封装（业务/团队事务） 2.对标准产品进行后续迭代、升级
五、协作	（一） 行政事务	1.负责团队财务管理 2.负责团队票据管理 3.负责团队会议记录
	（二） 价值理念	1.自我驱动 2.团队发展 3.专业定位
	（三） 新人培养	1.业务培训 2.工具培训 3.沟通交流
六、工具	（一） 协作平台 日常记录	1.工作日历记录 2.常年顾问记录 3.记录规范、及时
	（二） 协作平台 项目记录	1.诉讼业务记录 2.非诉专项记录 3.运营/活动记录
	（三） 办公软件 掌握	1.Word文档常用操作 2.PPT/Keynote制作 3.Processon诉讼可视化 4.思维导图大纲 5.印象笔记协作编辑 6.扫描全能王/扫描宝 7.企业信用信息查询 8.法规/裁判文书检索
七、个人	（一） 运动健康	1.规律健身、跑步、球类等 2.参加律所球队、运动竞赛等
	（二） 业余爱好	1.书画、摄影、文学创作等 2.唱歌、舞蹈、乐器演奏等

续表

	（三） 社交活动	1.与律所同事积极沟通交流 2.结识业外朋友，参加各类活动
	（四） 学习提升	1.阅读书籍（专业/非专业） 2.参加培训（专业/非专业）
	（五） 职业规划	1.较为清晰的长期目标 2.路径明确的短期规划

（五）生活健康

最近两年，行业内经常看到律师猝死新闻，真心建议大家，一定把健康放在首位。如果真的有那么多业务工作需要加班熬夜，想想是不是自己的工作方式、效率出了问题，想办法改善，希望大家能够保持有规律的运动，这样才能精神饱满、思路清晰地迎接困难。着眼全局、长远规划、放松心态，慢慢来可能反而比较快。

（吴皓）

“技术派”律师四个能力维度

技术派律师一说，最早源于对行业内擅于使用各类软件工具的一部分律师群体的称呼。他们可能比普通律师更熟悉Word等办公软件，也可能是更了解互联网与法律行业相结合的前沿技术或产品。随着自己从业时间的增加，接触到更多业内人员的“技术”问题，也见识到更多业内的“技术”高人并积极请教、交流后，我发现此前对于“技术派律师”的理解过于狭隘。

一则仅限于对工具的使用，不足以涵盖技术派律师的优势；二则如果仅局限于工具，最多能够提升工作效率，但不足以去把握时代红利。因为我们早已进入互联网2.0时代，一个移动互联时代，技术的主题不再局限于单个维度的“工具”，更延伸到了“运营”“产品”，而这些能力又围绕“专业”为核心展开，放大专业知识的价值效应。

业务是基本功，需要基础的法学理论、法律程序的知识支撑，当然，更重要的是经验：与国家法律系统交互的经验，与法律服务购买者（客户，包括委托当事人与对方当事人）交互的经验。因为信息的愈加开放和容易获取，尤其是裁判文书上网，法学知识、程序知识的信息差距在缩减，律师主要的差距集中在经验，因为经验需要时间积累、需要通过案例打磨、领悟，难以跨越。

工具包含：生产工具（Mac电脑、办公软件、手机App等）、协作工具（元典律智助手、Alpha系统、法蝉系统等）、效率工具（有道云笔记、印象笔记、坚果云等）。工具解决的是效率问题，重要但不那么关键，不像那些法律工具提供公司宣扬的那么神奇，逐步变革是会有的，但其背后还是系统的力量在推动。

产品包含：法律产品（公司股权、财富传承、交通事故、破产重整等）、个人产品（品牌、影响力、标签、区分价值）、产品思维（市场切入、标准流程、项目管理、团队协作等）。产品板块是一项系统工程，需要将传统业务打包、梳理流程、形成产品，同时进行专业研究、内容沉淀、市场运营。产品是一个很宽泛的概念，“法律产品”是借鉴互联网领域“产品”的研发、协作、管理思路来提升法律服务的市场效率。所以也有必要回溯到互联网产品本身，去观察、学习、体验背后的产品思路，再回来迁移到法律产品的研发推广当中。

运营包含：媒体（个人微信、微信公众号、今日头条、喜马拉雅、知乎等）、内容（实务文章、宣传文案、著作出版、培训讲座等）、用户（客户拓展、客户维护、客户挖掘、客户分裂等）。运营解决的是流量问题，公司化、薪酬制、专业化，甚至是最基本的生存问题，都必须以流量（业务来源）为前提。对于新晋律师而言，通过新的途径来获取流量，可以加快成长速度、避免传统师徒的零和博弈对立关系，长短互补开拓新的流量渠道；并且新的流量渠道突破地域限制，一旦开始形成流量，比传统流量更加稳定，且可以做到精准定位，从而向专业化发展，提升单价。

（吴皓）

青年律师专业化之道

专业化对于青年律师而言，并非选项之一，而是必然趋势。无论行业内讨论与探索，还是真实市场体验、客户需求，我们都越来越感受到这一趋势如潮水般奔袭：初入行时耳闻其声，以为还在远处；执业数载，方知早已身处其后，唯有奋起直追。

（一）专业积累

专业积累是青年律师的战略储备。所谓储备，即意味着这部分积累可能无法直接作用于当前业务，也不能马上改善生活，而是布局未来；所谓战略，是因为这部分积累将帮助我们抢占市场先机，市场需求一旦兴起，我们能够有足够专业能力去满足。

1.专业定位

专业定位是对法律服务市场的选择，我们需要结合自身特长、资源、兴趣，以及对市场需求、市场趋势的认知和判断进行选择。初期建议选择关注度不高、较为细分的市场，这类市场还未进入完全竞争，更聚焦专业。资源不必是自己全盘掌握的资源，所在的律所平台，所跟随的团队或前辈，这些既有的、能够链接的资源，都可以成为青年律师定位、推进自己专业方向的基点。

专业定位只是给自己一个初步方向，让我们能够在日常工作之余，有一个长远目标，驱动自己进行积累、探索。在此过程中不可闭门造车，随着自己经验增加、认知提升、市场反馈加以修正，顺势而为。专业定位的最终目的，是要形成自己的专业品牌。

2.专业经验

"法律的生命在于经验"，而经验又恰恰是青年律师执业初期最大短板，尤其是某个专业领域的经验。这时候依托理念契合的律所平台或律师团队的优势就会显现出来。若是单打独斗的青年律师，便要有意识地去选择、靠近与自己专业定位相关或相符的业务，为此牺牲一些能够承受的眼前利益也是值得的。比如参与该类业务的合作办理，或者干脆去到该类业务的上游或甲方单位打工学习。

3.专业研究

专业研究成果，结合法律产品、内容营销，是一种可以帮助青年律师获得业务机会的营销工具。我们团队借由专业研究成果分享所带来的专业品牌影响力，拿到了实实在在的专业方向业务。

（二）工具增效

工具对于青年律师专业化的意义，主要在于两点：其一，通过辅助工具提升工作效率，解放青年律师在日常业务工作中所耗费的大量时间精力；其二，基于律师工作平台进行团队协作、知识管理，完成法律产品研发，为专业化提供质量及内容支撑。

1.辅助工具

办公辅助工具并非专门针对律师行业而生，却不妨为律师所用而能显著提升工作效率、专业积淀，关键在于根据团队的业务定位、协作需要选择相匹配的辅助工具。作者团队常用的工具有：印象笔记、扫描宝、坚果云、幕布等。印象笔记可收藏网页查询资料、微信专业文章，方便阅读、标注，若有业务经验心得，随时记录，成文输出；扫描宝可用手机将纸质文档拍照转化为PDF

文件，使复制客户资料、卷宗快了数倍；坚果云可自动同步电脑、手机端文件，并有版本记录可回溯所有修改；幕布是一款大纲记录工具，可一键转化可视思维导图，用来梳理案情、会议记录、构思文书提纲，十分快捷方便。

2.知识管理

此处所言“知识”，可分“法律”与“经验”两个板块。法律板块包含：法律文书（合同协议、诉状申请、法律意见等）、案例法条检索结果、客户咨询反馈记录等；经验板块包含：司法审判程序对接、业务办理过程及注意事项、客户洽谈、客户沟通等。

法蝉、阿尔法、**Tower**等协作平台，在青年律师手中不仅可以发挥“工作支持”作用，亦能够进行专业“知识管理”。通过律师工作流程与协作平台结合，律师业务项目推进过程中产生的工作经验、法律文书、客户资料、法律检索结果等知识成果，会以电子数据的方式汇集在系统中。我们可以将其中有普遍参考、复用价值的知识提出，研发法律服务产品；再将其中可作为专业内容写作素材的知识分类归档，为专业品牌的内容营销作支撑。

3.法律产品

基于律师协作平台的“知识管理”，以及协作平台本身提供的项目流程管理、可视化图表等功能，我们可以着手“法律产品”研发。就某类业务提炼其标准作业流程及配套专业知识，在协作平台中建立“项目模版”，下次遇到同类业务，直接复制生成一个包含该类业务全套业务流程、经验、文书的项目，依任务步骤即可办理，可消减大量重复工作。

另外，法律产品中的标准法律服务模式、团队协作流程、配套法律文书等，可以通过律师协作平台直接对客户进行展示，从视觉上让客户感知律师团队的专业度、法律服务背后的规范流程、细密工作。法律产品本身即成为一种营销工具。

（三）专业营销

青年律师欲专业化发展，仅有专业积累还不够；且专业积累中的“经验积累”要求我们有足够的专业方向业务实践经验，所以必须同时兼顾“专业营销”。“专业研究”“知识管理”“法律产品”即为专业营销的一部分。

1.内容营销

律师作为“专业知识服务”行业，在内容营销上有着天然优势；对青年律师而言，内容营销更是一种成本极低而效果极好的“专业品牌”建立方式。

一方面，律师工作长期接触大量法律法规、文书合同、专业文章、行业背景等大量资料信息，经过知识管理、消化输出，将这些知识内化的同时，也有了自己的宣传素材；另一方面，近几年互联网技术、新媒体平台爆发，内容营销能够通过内容定位、传播渠道选择来获取更精准的流量，成为在当今的传播环境中建立专业品牌的最佳选择。

内容营销的形式，可以是文章、书籍、音频、视频、在线分享、线下讲座课程等。内容营销的渠道，可以在微信公众号推送，还可以在无讼、简书、百度百家、今日头条等媒体平台发布；或在知乎、悟空问答等社区回复到适合的问题答案下，增加内容的曝光量，甚至有机会被百度等搜索引擎收录；音频可以投放到喜马拉雅，在线分享可以选择法天使、榕树下、吾法吾天、无讼live等业内课程平台；线下讲座课程可面向同行交流或客户单位培训。原则上一份内容尽可能多渠道投放，复用多次，充分发挥其价值，降低我们生产内容相对成本。

2.专业品牌

青年律师进行专业营销，最终是为了获取专业方向业务，支撑专业化发展。而在进行专业营销过程中，要注意到两种业务路径的区分：其一是同行基于对专业化程度认可，而进行业务合作或转介；其二是客户基于对律师专业形象的信赖，而进行业务委托。

前者对应的是一种“业内品牌”，后者对应的是一种“市场品牌”，我们需要选择不同的内容定位、呈现形式来完成两个方向品牌的建立。

业内品牌面向同行，关键在于赢得专业认可。通过专业品牌划出细分法律服务市场，提升业务维度，避开与同行潜在竞争，产生合作基础；而后通过输出对同行有价值的专业内容，确实给同行带来帮助，逐渐赢得认同，埋下合作机会。比如我们团队定期开展“分享日”活动，与同行分享交流技术工具与专业研究心得，发布我们的《公司股权纠纷研究报告》，即为一种塑造业内品牌的方式。

市场品牌面向客户，关键在于建立专业信任。客户委托律师，是为了购买律师的法律服务产品，这是一项复杂且重大的消费决策，客户购买的不仅是产品本身，更是产品背后的专业品牌、律师团队、服务质量、标准流程，我们需要将这些信息对客户进行充分展示，从而促成委托。

以我们团队为例，主要从两方面着手：第一，通过组织跟随热点或通俗易懂的内容，通过符合我们客户群体定位的平台分发，增加品牌曝光，积蓄流量、释放专业信息。第二，研发面向客户的专业培训课程，引导线上流量，或与樊登读书会、咨询机构合作，组织现场专业讲座，与客户建立真实连接，逐渐加深品牌印象与信任度。

（四）团队协作

虽然业内不乏独当一面、自成一家的专业化律师，但就作者观察，更多律师还是采用团队协作方式形成专业化发展。尤其对青年律师而言，选择理念契合的律所/团队进行协作，无疑是专业化发展更有效率的路径；并且现今的法律服务市场增长、信息流动不断加速，律师师徒之间业务市场冲突的可能性越来越小，合作空间越来越大。

1.经验搭配

青年律师加入团队协作，可与前辈律师形成经验上的搭配，互相借力。前辈律师大量真实的市场认知、客户体验、业务经验，是青年律师无法跨越的巨大鸿沟，这需要十几年乃至几十年的行业积累；青年律师对各类辅助工具、协作平台、电脑软件、知识管理、媒体运营的经验，又是大多前辈律师陌生的领域。

通过团队协作，青年律师不必等到专业经验累积完成了，又回过头来考虑专业化、专业营销的问题；前辈律师丰富的专业经验积累，也可以透过工具提升效率，透过新媒体增加影响力。通过团队协作，老中青经验搭配，加速对专业市场的开拓。

2.能力互补

若选择独面市场，我们会发现律师需要会的东西实在太多：客户拓展、客户维系、网络营销、法律业务……法律业务还需要会不止一种。而在健康的团队协作机制之下，可根据团队成员能力倾向进行分工，形成能力互补，各自力透一处，发挥青年律师最大优势。以我们团队为例，我因为本科工科+研究生法律的学习背景，在团队除了股权专业方向外，同时还负责工具培训、新媒体运营及法律产品研发。遇到业务机会，自己专业经验、专业能力不足以拿下，团队内前辈律师立即可以站台支持；而前辈律师也可以在我的帮助下，不再看着市面上的法律科技产品眼花缭乱，而能够从中选择少量匹配团队发展阶段、模式需求的工具产品，进行深度使用，切实优化团队业务流程、提升客户体验。

3.阶段衔接

一个协作团队的老中青搭配，可以形成不同律师职业阶段衔接。前辈律师完成了专业积累，解决了生存问题，考虑的是长远发展；青年律师需要借助、学习前辈经验，初期的生存成本对于团队来说不难负担，于是也就能够从生存困境中解脱，同样加入专业化长远发展的互补协作中。

而协作团队基于紧密配合下形成的相互信赖与认可，以及专业化发展所带来的稳定、高质量业务增长，不难建立起一体化薪酬系统。让前辈律师在一定的时间点、年龄段可以有保障的稳步退出团队，让青年律师有可预期、公平、可观的回报待遇；确保团队协作的长期稳定，成为青年律师、前辈律师可以长期也愿意长期为之发力的一项事业。

（五）小结

青年律师专业化发展之道，无疑是一项系统工程。看到先行者成就，模仿着去做，发现收效甚微，便是因为只做了点或面，而没能建立完整系统。

我们需要专业系统作为核心支撑，保证我们的服务质量与市场口碑；需要工具系统来提升工作效率、进行知识管理、形成标准流程，研发法律产品并支持内容营销；需要营销系统来推出行业品牌、包装市场品牌，赢得精准业务流量；需要团队系统来解决我们的生存与发展困境，补足我们的短板，真正在专业化道路上奋起直追。

（吴皓）

法律人工智能会取代律师吗?

从“互联网+法律”到“人工智能+法律”，法律服务领域的技术变革呈爆发性增长，行业内外开始出现一些讨论，法律人工智能将会取代律师吗？关于这个问题，我想从三个方面来谈，每个方面围绕三个关键词展开。

（一）法律人工智能将会取代律师吗

法律服务的非标准化，将是法律人工智能难以逾越的壁垒。但何谓“非标准化”？我认为体现在三点：目的、情感、应变。

第一，目的。专业律师服务的价值，不仅在于法律专业知识本身，更基于对客户目的的理解，提前做出某些预判。以商事律师的工作为例，在审查某个工程合同过程中，施工材料的价格有多种参照标准并且有的参考价格会随市场波动，律师站在供方或者需方的角度、出于优先达成交易还是优先防范风险的立场，对于具体条款中价格标准的选择，会有不同判断。这个判断背后，律师既要吃透客户的商业目的，又需熟悉客户行业中的规则惯例，不是一个满载法规、案例的数据库可以应对的。

第二，情感。当事人找一位律师，仅仅是为了知道能不能离婚，能不能打赢官司，能不能追回债务吗？这些东西虽很重要没错，但是除了法律纠纷本身之外，一个活生生的律师，更多时候会扮演客户的情绪依靠。相信有不少律师遇到过深夜客户打电话过来倾诉，讲着案情突然情绪失控的情况。哪怕法律人工智能通过预设的程序、联网数据的支持，正确解答客户所有专业疑问，但我相信，不能正确回应客户情绪波动的法律人工智能，恐怕难以获得当事人的信任。

第三，应变。目前所知的法律人工智能，主要有两种模式：一种是预设程序，通过穷举的方式，一问一答，交互地解答某些常见的法律咨询问题，比如能不能离婚，能不能获得抚养权，交通事故能够赔偿多少；另一种就像无讼在做的，通过大量数据的累积、挖掘，在后台进行分析、匹配，更灵活地解决用户的法律服务需求——这些解决方案基本都建立在已有的法律数据之上。而律师日常工作最重要的部分，就是去解决大量闻所未闻的问题，很多的合同协议、公司架构，在某个律师将之实现出来之前，世上未曾存在，更不会有数据记录，基于历史数据的机器人，恐无法具备同样应变能力。

（二）律师应如何看待法律人工智能

第一，了解。面对人工智能话题，以及当前层出不穷的法律人工智能产品，我认为“漠视、恐慌、追捧”，都不该是律师应有态度。首先，漠视容易导致对新技术的无知——律师应充分发挥搜集、掌握信息的职业能力，去了解与行业相关的新生事物，虽然目前更多只是概念炒作，将来未尝不会成为行业变革之契机；其次，恐慌多来自外行的担忧——真正创造服务价值的律师，自然明白法律服务的独到之处与难以替代的内核，对于那些法律人工智能取代律师的言论，只会一笑置之；最后，追捧是对自己定位的盲目——在这些新技术、新概念的新闻包围中，律师也应保持充分理性，在了解的基础上，审视这些概念的真实性、背后的机理，结合自己所处的行业环境、职业阶段，发展需求，最终判断要不要跟进。

第二，利用。汽车、火车、轮船、飞机这些交通工具的出现，打破了人类在空间上的边界；网络、电话、微信这些通信工具的出现，打破了人类在信息上的边界。新技术带来的诸多辅助工具就像人类在陆地、在空中、在网络世界的触角，是人类本体的延伸，帮助人类不断突破生物本体的限制。法律人工智能产品的研发、完善，最终也将成为律师服务的外延，懂得利用的律师，可以借助这些外延提升效率、打破时空限制，为自己，也为客户，创造更多价值。

第三，合作。法律人工智能的研发，事实上离不开律师。我曾参与一款法律智能产品的研发，四个板块——离婚问题、劳动纠纷、借贷纠纷、交通事故的研发过程中，除研发团队内部开发人员参与之外，团队还与每个板块对应的法律专业领域的律师个人、律师团队乃至专业律所有密切的交流合作。人工智能的前提仍是人工，法律人工智能的经验和判断不会凭空产生，其形成的过程离不开行业内资深律师的智力贡献，这类合作机会只要有心，其实很多。既然法律人工智能是一个不可避免的新趋势，何不如参与其中，成为法律人工智能的缔造者？

（三）人工智能对法律服务市场的影响

第一，淘汰。在律师行业不乏利用信息不对称，对某些低技术含量的服务收取高额费用的现象。对于法律服务消费频次本就不高的普通人而言，碰到一次无良律师，就会留下长久的心理阴影，以致法律服务市场在外界看来“水很深”。而法律人工智能进军的主要市场领域，正是那些技术含量不高、智力成果不多、可以进行标准化操作的法律服务，在保证服务质量的同时，规模效应将大大降低单次服务价格，从而淘汰过去那些性价比严重失衡的法律服务。

第二，优化。通过法律人工智能架设律师与客户之间的桥梁，将使法律服务市场内供求双方信息更迅速、更精准、更透明地流动起来。客户拥有了更多的决策参考，法律服务切入买方市场，律师、律所唯有不断地研发更符合市场需求、更具定制化的法律产品，同时持续地改进用户体验，才能在未来多个维度的数据筛选中脱颖而出。这就倒逼律师、律师团队、律所向着高端业务进发，在一个方向上累积更好的历史数据，最后整个法律服务市场得到优化。

第三，变革。目前看起来很新颖的法律人工智能产品，在不久的将来，会成为融入律师乃至普通人日常生活的一部分——人们每天都会使用，却从来不会谈论的一种基础设施。这样的基础设施一旦铺就，可能将法律服务市场推向两个层级：普通的法律服务领域完全由人工智能代劳，无须再浪费人力资源，基础法律服务的市场价格回归理性；而律师也将借助法律人工智能产品获得更强的信息整合、分析、判断能力，于是有更多的时间、精力去钻研、深挖细分的服务领域，顺应法律服务市场结构的变革。

（吴皓）

观点碰撞

1.营利不应是律师执业的根本目的

当两条路摆在我们面前，去选择看起来更加漫长、更加艰难的那条，反而会越走越轻松；所谓“捷径”，背后往往意味着更高的“隐藏”成本，可能是当事人对你专业信任的降低，可能是因为渠道不灵而被举报，影响整个职业生涯。

我对律师的理解：三分生意，七分匠气；商业思维，匠人情怀。如何让专业更有价值，就是让客户相信法治，而非人情关系，因为律师是基于法治社会的职业，不要破坏、脱离自己的生存基础，否则只会让路越来越难走，甚至偏离合法轨道。

律师不是不需要营利，只是“君子爱财，取之有道”，如果凡事从营利出发，会导致两种危险行为：其一，为了短期利益（求快财），而利用与客户的信息差挣钱，造成不好的口碑，损失长远利益；其二，为了大宗利益，铤而走险，怀着侥幸心理行事，而埋下“定时炸弹”。

青年律师从营利出发，想着发快财，容易打断职业良性发展；容易的钱挣多了，就不想着去学习专业知识、提升业务能力；但专业才是律师安身立命之根本，随着当事人获取信息能力提升，信息差带来的不公平市场利润会被逐渐消弭，到了真刀真枪拼专业的时候，请问何以为继？

律师执业，一般情况都会经历3年清贫、5年温饱、8年小康，再往后发展空间看个人能力、机缘。之所以会有这样规律，也是与律师的业务能力、业务经验、社会资源、为人处世的积累成长相关。在此过程中，营收增长，也是一个自然而然的过程，我们需要去关注，但职业重心暂不在于此。

即便通过渠道达成目标，这部分资源也不是你的固有能力，与专业相比不够稳定，而且影响因素很多，客户也许认为是自己的渠道起的作用比较大，这个谁都不方便证明。这个维度的竞争，客户没有太多忠诚度可言，也难以建立壁垒，因为还有别人可以令他相信，有更好的渠道。

律师是独立商业个体，应有自己的商业模式、商业思维；不要过多利用自己不能充分掌握的资源、产品去销售，不要在自己不擅长的领域竞争、置换价值。因为关系会变动、失效，非常不稳定，而你的专业能力会不断积累、精进，能保值增值。

营利不是律师内核能力，但要去构建自己的商业模式，尤其要去构建能够在一定程度上解放律师时间、不必亲力亲为的商业模式。一方面，律师需要时间来学习、思考、提升、精进业务，给当事人提供更专业服务，获取更高价值回报；另一方面，律师不能一直“艰苦”，需要有娱乐、生活、社交、陪伴家人朋友的时间，所以需要构建商业模式来解决执业“安全感”的问题。

2.实习律师的自我定位和优势互补

差不多也是在实习律师阶段，我进行个人的年终总结时，引用了王小波《黄金时代》的段落：生活就是个缓慢受锤的过程，人一天天老下去，奢望也一天天消失，最后变得像挨了锤的牛一样。可是我过二十一岁生日时没有预见到这一点。我觉得自己会永远生猛下去，什么也锤不了我。

其实那会儿我同样慌张迷茫。类似的心路历程，每位新鲜律师都有可能经历，长短或许不同，但凭着年轻的韧性与不甘，相信都能够走出来；当然，手上的事情不能停，守住基本盘、等待小突破，就会慢慢好起来。

很多新人律师会认为，律师竞争是专业竞争，因为刚入行的时候，最急需、最缺失的是这部分能力；然而长远看，律师竞争更核心的板块，是市场能力竞争。只不过在传统律所实行师徒制，采用“初期授薪+少量提成”的方式，徒弟来做师傅分配的案子，在新人律师发展的前两年，很大程度上掩盖了这一点。直到拿到执业证，可以独立办案了，才会主动或被动地面对市场问题，那么，如何持续、有效、高质地获取案源？

我认为这是一个分水岭，只能够处理业务而缺乏市场开拓能力的律师，不足以成为独立的商业个体。大部分比较成功的律师，都是两个板块同时成长，但需要较长时间积累。业务能力主要由“专业知识、实务经验”两部分构成，前者可以快速学习，后者的积累需要时间；当两个板块能力都比较成熟时，就是准合伙人的层级。

业务能力在律师行业很难成为普通律师的核心竞争力，毕竟不是每个人都能成为专业大咖，而基础业务能力在三至五年级律师中，会成为标配，很难与人拉开多大差距；而我又选择了一体化团队，成员律师已经积累了足够的业务能力、业务经验，那何不如直接提升自己的市场运营能力，直面三年后终将面临的问题，提前布局，与团队现有业务板块形成互补呢？这有可能是一种更有效率的搭配。

基于这个思路，我从入职开始就“不务正业”，没有马上接手任务，而是负责、参与了很多团队媒体运营、服务产品研发以及对外合作联络等事务；开始参与业务工作后，又花了很多时间来总结业务经验心得，形成专业文章；经过前期的折腾，积累了一些失败尝试经验，终于能够形成关于团队产品运营的初步思路，有种“初窥门径”的感悟，准备开始执行；也跟团队负责人沟通，调整了团队内部工作安排，由我开始正式负责整个团队的产品运营。

3.律师成长的关键词之一：信任

对于不断磨炼法律思维、日益理解世事人情、跬步积累案卷等身这三点我深以为然，但我想重点谈谈关于信任的问题。

比起购买其他商品，当事人采购法律服务有两点特殊之处：其一，对于大部分自然人，乃至企业法人，法律服务很可能都是一次性消费，并且此前也没有相似的消费经验，涉及的金额还不低，属于复杂消费决策，影响因素很多，很难有足够的参考信息使其作出理性判断；其二，法律服务是非标准产品，并且严重依赖律师个体，同样名称的法律服务，每个律师会有不同做法，很可能导致完全不同的结果走向，也会有差异极大的客户体验。

对于这两个问题，也有两种相应的解决方案。

一种是通过专业、沟通、经验的展示，在客户心中建立信任，因为理性决策的占比不是那么高，信任基础对于促成交易、委托的效果就很关键；信任，即让客户在情感上有一种安全感，因为价格可以比较、服务可以选择，但基于信任的安全感只此一家——这就是市场竞争力。

另一种就是通过流程、描述、具体电子资料/纸质资料的形式，将我们的法律服务产品进行可视化的呈现，使客户能够直观看到服务内容、服务流程、服务结果；其实这也是为了进一步巩固客户对我们的信任，让他知道我们之前如何服务其他客户，而他在同样的费用层级下，也将享受同样的服务内容、服务流程，进一步促成委托。

当然，无论是初步的，凭借短暂交谈或第一印象在客户心中建立起信任感，还是进行法律服务产品的标准化呈现，都少不了实实在在的业务经验积累、业务能力提升。否则即便能够凭借一些技巧、信息差取得客户信任、获得委托，也可能因为无法驾驭接下来的业务办理，而彻底摧毁客户对你的信任，乃至影响个人的行业口碑，所以在此过程中务必踏实慎重。

4.律师的内功修行和外功磨炼

用“内功修行”来比喻律师在诉讼业务中的准备工作及日常训

练，我觉得再恰当不过；因为很多当事人由外观之，会以为律师都是能言善辩，在庭上滔滔不绝据理力争，刚进入行业不久的新人，也会有这种先入为主的印象。

而真实情况是，律师当庭表现，属于“外功”，需要精心设计，甚至有一定的“表演”成分，很大程度上取决于是否有足够多的经验积累，才能打磨出波澜不惊、收放自如的状态。但要说庭审中的“胜负手”，只凭“外功”远远不够，需要足够充分的庭前法律检索、法律研究等准备工作，更需要日积月累的法律文书写作练习；这部分工作当事人可能看不到（当然我们也可以用恰当的方式向当事人进行展示，来提升他们对律师专业能力的信任度，方便工作开展），却是真正驾驭律师开庭表现的内功、内力。

没有充足的专业知识研究、储备，没有充分的庭前准备工作，我甚至遇到过有的律师，当庭才开始看卷宗现场发挥，虽然语言、情绪表演非常到位，但在同行、法官看来，却是漏洞百出、完全抓不到重点，对委托他的当事人极不负责。

关于法律检索、法律研究的具体方法论，我想特别提醒大家关注一点。因为裁判文书检索工具提供的便利，很多青年律师形成一种惯性操作：直接找与自己手头案子相似的参考案例，而忽视了对案件本身基础法律关系的梳理、研究，仅对支持自己观点的法律法规、司法解释进行检索、琢磨。

这种直接找参考案例形成自己诉讼思路的做法，看似快捷方便，其实缺乏“内功修行”，碰到案情简单、对手也未深入研究的情况还好；要是碰到法学理论功底扎实、实务经验丰富的律师，很可能对方从基础法律关系、法律条款上找到你没有仔细研究过的突破点，把你辩到哑口无言，全盘崩溃。

所以，为了避免简单套用判决中的判断和保证自己的思维不受影响，应当在完成初步法律研究之后，再进行检索工作，而非相反。

5.中小城市非诉业务市场分析

说起律师非诉业务，很多人（包括我自己）第一反应会想到的，可能都是IPO、PPP、基金债券、投资并购、破产重整这类大宗业务，这是从“行业视角”的角度进行划分。青年律师很重要的思维转变之一，便是要学会换位思考，要“站在客户角度”来分析法律服务市场、设计法律服务产品。

因为律师行业归根结底是服务行业，我们必须要搞明白客户需要什么，才能更轻松、更有价值地售卖我们的法律服务；如果总是站在律师的角度，老想着做高端、高深的法律产品，用复杂、专业的语言去向客户描述、兜售，就别怪客户对你无感。

不是说青年律师不能追求专业、追求高端大型非诉业务，而是说我们一定注意结合客观市场状况，正视自身初期发展阶段所需要解决的生存问题、基础业务技能实践积累问题；在这一阶段，能够打开与我们能力匹配的市场，能够做好我们能够触及的客户，逐步积累，自然能够进军更上层的业务市场。而且从发展的眼光来看，随着你的能力、经验积累，你的资源、渠道、客户也在增长/成熟，你的法律服务需求来源也会从基础过渡到疑难、复杂、大型，这其实就是一位律师对客户市场培育的过程。

6.执业初期法律顾问业务的开拓和定位

第一，法律顾问业务的获取，通过熟人介绍的成功率，远低于正式社会活动接洽机会。

我认为这是由客户性质造成，法人（企业公司）客户与自然人客户，对于法律服务的采购，有着截然不同的决策机制。自然人客户有可能终身不需要采购律师服务，或者至多采购一次，所以缺乏采购决策的“历史数据”或“经验”，只能找自己交际圈的人打听律师，基于对社会关系（亲戚或朋友）的信任，而选择委托律师。

法人（企业公司）客户则不同，在公司存续期间，或多或少都会发生数次法律服务需求，而公司的背后是股东、高管，是多人决策而非个人决策，即便通过社交关系打听律师，也会有更多维度的信息来源；并且公司可能因为不同事务（诉讼、业务经营、发展变更等）而聘请不同的律师/律所提供法律服务。所以从决策依据、决策流程上来讲，法人客户会更加理性、更加认可正式的社会活动表现或背书。

第二，谈企业法律顾问业务前的《体检方案》等准备工作。

其实这项工作很多律师都有能力做，但真正在每次洽谈时去执行的不多。究其原因，可能嫌麻烦，再深层原因，是没有足够重视。当你足够重视你的客户，真的渴求这次工作/业务机会时，应当做好必要的调查了解等准备工作。这不但能让你能够有充分的信息基础来应对客户的问题，更重要的是，能够让客户感知到你的重视态度，当你从一开始的时候就认真地对待这件事情，那客户才有理由相信在他聘用你之后，你会用同样的认真、重视程度，来提供好此次法律服务。

第三，选择法律顾问工作中的客户对接人。

在面谈时需要注意的是一定要和公司的主要负责人（董事长、总经理或者大股东）进行沟通，因为中小城市的中小企业的决策权一般集中于负责人手中，如果一开始不和主要负责人对接，很不利于后期法律顾问业务的开展。

与公司的主要负责人进行沟通除了“有利于进一步挖掘诉讼业务”外，也能够让我们节省顾问服务时间及精力。因为在企业的不同层面，对企业决策、业务信息了解的完整度不同，直接与企业主要负责人对接，大方向上可以减少信息失真，我们可以更快抓住企业所面临问题的核心，马上提出针对性的专业解决方案；如果与普通负责人沟通，效率可能会低一些，并且在不同的位置会有不同立场和自有利益，而总负责人与企业的利益无疑是最密切的。

在一定规模的企业，过多与总负责人沟通也不现实。但至少也要与财务总监、销售总监、工程总监等主要部门负责人保持良好沟通，因为他们能够在下辖事务上拍板，让我们的法律顾问工作能够更好、更快推进。

第四，企业法律顾问业务可以灵活定价，并开发后续业务。

律师业务构成有个说法，叫作“无常顾不稳，无诉讼不富”，因为常年法律顾问业务每年会创造稳定的现金流，让律师有收益上的保障，但也相对固定，很难扩大规模或提价；而偶发性的诉讼业务，则有可能因为所涉及标的、利益、疑难程度，有较大的收益空间。所以有一种“客户池”的概念，以有市场竞争力的法律顾问服务价格，覆盖大量的顾问客户，从大量的基数中转化诉讼/

专项业务。法律顾问业务如果是从积蓄客户池的角度出发，在对转化率有一定把控和预期时，灵活定价策略完全可行。

最后补充一点，法律顾问灵活定价策略，必须配合灵活“服务内容”，在不同的价位，最好能够以清单的形式，列举服务项目、服务时间、律师人数等“服务边界”，在控制好服务成本的同时，平衡客户预期，这样也有益于提升转化率。

7.中小城市律师的专业化路径

律师专业化不会一蹴而就，而是一个长期投入、积累的过程；建议青年律师一方面在有一定业务经验，有过基本类型的业务体验之后，再来明确自己的专业方向；另一方面也要考虑可行性，维护常规业务来保障生存，同时对自己选择的专业领域有知识储备、有精力聚焦、有内容输出，直至有真实的专业案源进入后，再逐步过渡。

而在专业方向的选择上，也要根据地方市场的客观情况，不能全凭个人兴趣爱好或主观想象，在没有基础、没有趋势的市场上做筹备，无疑会浪费自己宝贵的职业生涯；更糟糕的是，你可能会因为得不到市场反馈而无法坚持聚焦专业，导致自我放弃，折损职业发展的冲劲与探索精神。

（吴皓）

第三部分　技术立身、工具增效

律师营销不必先发名片

对于小城市青年律师是否应该发名片这一问题，我的观点比较明确也比较偏激，就是不应该发。理由非常简单，因为在熟人社会程度比较高的小城市，青年律师发名片并不能达到预期的营销效果。

刚开始执业的时候，我除了购买办公家具和计算自己每天的成本外，还做了一件事情，就是兴冲冲地设计名片。当时设计名片时，我的思路比较简单，就是大家其实不会给一张名片过多的时间，所以我传递自己的名字、职业、电话号码就可以了（当时还没有确定专业方向）。然后第一印象很重要，除了自己穿得体面，名片也应该要看起来、摸起来体面，所以选择简洁大方的蓝底加白双色设计，材质也是选择比较厚的铜版纸。当时名片设计下来，除了字体比较大（当时不知道字体小、留白多高级感会比较强的道理），现在想起来还是比较满意的。但是名片印出来的主要用途就是发，由于执业第二年我就不随身带名片了，所以我当时印出来的五百张名片现在还有两百来张在家里吃灰。

之所以我执业第一年之后就不带名片、不发名片了，自然是因为我第一年发名片的效果不理想，所以痛定思痛终止了发名片营销模式。我记得当时印了名片之后，在车上、皮包中、钱夹里我都放了若干张名片以备不时之需，遇到合适的场合也会主动遵守商业礼仪双手递名片交换保存好，遇到有些难得的会议也会主动找时机散发名片，但是我发现效果很差，认真想了一下，效果差的原因有下面几点：

第一，未能保持联系、建立初步信任。律师发名片的目的在于通过营销拓展案源，营销的两个基本要素在于保持联系和建立信任，而发名片一方面并不能使我和接名片的潜在客户保持联系，反而由于日常生活中分发的名片过多，真正有过接触并且拿过我名片的潜在客户想要联系我，却基本是通过当时在场双方都认识的熟人来找到我的联系方式，而非保存好我递过来的名片、存好我的号码然后在需要时打给我；另一方面在于递交名片的机会有限，但通过递交名片并不能使潜在客户对我产生专业和人品的信任（或者说职业道德上的信任），他们打给我电话的理由之一往往是熟人对我的推荐和之前接触时不差的印象。所以根据我的实际经验，在小城市通过发名片进行营销的效果不佳，不具有性价比，达不到保持联系和建立信任的目的，甚至一定程度上浪费了宝贵的与潜在客户接触的机会。

第二，未能起到需要时及时联系律师的作用。在互联网浪潮汹涌的21世纪，大家基本可以做到随身只带一个手机和家门钥匙就可以正常出门了，在这样的情况下通过发送名片让对方易于联系自己的目的反而不易达到，因为认真保存名片并及时存储电话的人是少数，而且当事人有法律需求往往是现场就开始沟通和进行处理了，需要我们递交名片的往往是潜在客户，而潜在客户还没有迫在眉睫的法律需求时要求他保存好名片并且存好律师电话确实有些强人所难。

第三，发名片的效果对青年律师不理想。律师需要得体、合适的宣传，在递交名片时除了由共同熟识的人略作介绍外，律师自己进行的与场合无关的自我宣传往往效果不佳而且也会因为场合的不适宜而让人觉得不得体。所以，单纯交换名片并不能达到建立初步信任和引发后续联系的效果。而且小城市很多时候比较重视熟人圈子，单纯发名片其实反而有些“为发而发”的想当然和形式化。相应的，在会议和其他场合选取合适的时机散发名片虽然是合乎礼仪的，但是在没有给客户建立良好第一印象的基础上这样散发名片其实和在街道路口和小区门口发传单起到的效果没什么差别，特别是青年律师本来就在知名度、专业资历方面有所欠缺，贸然地打圈散发名片反而让别人产生不好的联想，也不会产生联系律师的冲动。

鉴于以上原因，为了更好地达到建立联系、产生信任的营销效果，在平时工作认真积累、修炼提升综合能力的前提下，我采取的方式是直接要求加微信，对于个别不使用微信的潜在客户则直接留电话号码，采取这种方式的优点在于：

第一，微信是高频次使用的社交工具。很多人换电话号码都不会换微信，所以能和客户保持长久的联系，让他们在需要的时候能及时找到我们，而且通过微信问一下号码或者简单咨询是比较简单的事情。

第二，添加微信会带来长期影响。当我们定期采用合适的方法在微信中营销时，会给我们的潜在客户留下一定的印象，这让他在最终来寻求律师服务时会有一个对我的大概印象和一定的信任，也对后续双方的良好接洽起到了实际的影响。

第三，添加微信更近似于结个善缘。律师可以把心思全扑在业务上，但生活并不全是业务，特别是在人情味较重的小城市，我们除了办理业务时需要严格依法依规外，在日常交往时可以不那么“商业化”，平常心与人交往即可。因为律师与客户是双向选择的，所以结个善缘即可，没有必要把初始交往完全定义为商业活动。律师还是需要有一定的人格魅力来让客户对你产生一定的信任。

当然，营销只是更好、更有效率地让客户与我们之间互相认识和认可，律师执业的根本还是在于不断提升自己的专业能力。

（熊震）

律师不接受电话咨询也能成交

刚开始做律师时接到电话咨询还是比较开心的，毕竟是新人的新执业体验，当时也是比较愿意解答。但是做了一段时间律师之后，就发现电话咨询是一件性价比很低的事情。

首先，接电话咨询主观感觉特别累，而且有些时候也不是很愉快。累是因为当事人口头表达能力不一，很难有两三句话就把整个事情重点讲清楚和把想咨询的问题说清楚的。在我执业第一年时，有个当事人当时打电话，比较详细地介绍了如何发生纠纷、如何请一审律师、如何进行一审以及对方上诉调解等，说了有十五分钟左右，期间我多次引导让他说问题，但是他还是很坚持让“律师听我说嘛”。最后，这个当事人的问题是二审他没有请律师，签订了调解协议书并已经送达了能否反悔，这其实是一个一分钟就可以明确回答的问题，因为前面当事人所认为与他咨询问题关系很大的这些事情是完全没有必要的，而且又很固执已见不尊重律师的引导，所以对于律师来说电话法律咨询业务是很累的，可以说费时间、效果差。

其次，电话咨询的业务产生后续业务的效果很差。律师作为脑力劳动者为别人提供一定的帮助当然是可以的，但是很多时候电话咨询不一定有后续业务。确实有一些咨询可能发展为后续的案件，但大部分的咨询就完全是咨询了。律师应当承担公益责任，但应当量力而行，有效率地承担力所能及的公益责任。

最后，律师电话中对咨询的解答有时候得不到相应的尊重。脑力劳动也是一种高标准、高门槛的需要综合运用智力、科学文化知识和生产技能来产生成果的辛苦劳动，但很多人其实对律师的脑力劳动没有尊重，觉得给他解答是天经地义的，甚至有些时候律师本着一颗善良的心给他一些靠谱的建议，他反而还觉得律师危言耸听，和律师争辩。

经过执业初期大概一年左右的时间之后，我基本不再接受电话咨询了，都是要求直接面谈或者加微信留言，具体的理由如下：

第一，从业务效果方面考虑，电话咨询并不能达到一个良好的法律咨询效果。当事人打电话过来时他并不一定了解（很大概率）律师的工作性质和工作特点，也不一定能够简明扼要地叙述事实（很大概率），而且当事人认为的事实重点和法律事实的重点并不一致，所以从单纯的法律咨询业务效果的角度考虑，是很难得到令人满意的效果的。往往几十分钟的一个电话，根本无法解决当事人咨询的问题。特别是在当事人说不到点子上又不肯配合律师引导的情况下，电话法律咨询沦为了对时间的浪费，并且浪费了律师很多的精力、情绪和能量。律师的工作任务繁忙，而时间又有限，通过电话咨询达到的效果又比较差，所以就不应该是我们律师处理咨询业务的一个主要方式。除非当事人已经合作过，了解律师的工作习惯，并且对法律事实和生活事实的区别有一个明确的认识，能够简明扼要地说明观点，但这样的电话咨询是很少见的。

第二，从开展业务的角度讲，在电话上进行法律咨询很难起到筛选客户的角度。从公益的角度简要地解答法律咨询提供一定的指引其实也是律师承担一定社会责任的表现，但是，很多时候律师也是把咨询作为后续的非诉或者诉讼业务的先导。从筛选客户和为后续业务做好前期工作的角度考虑，在电话咨询本身效果较差的情况下，律师应当明确拒绝电话咨询并约见当事人面谈。存在不愿意面谈的情况可以让当事人在微信上留言，尽量用文字来表达，并把相关材料拍照发过来。确实有法律服务需要的顾客，会马上约时间面谈，对此类业务我们按照面谈接案的流程走就可以了。而对于法律需求不是很强烈或者很急迫的顾客，他可能就不愿意面谈，心态上更多的是可有可无地尝试能否得到一些咨询建议。在这样的情况下，应该是用合适的方式让当事人加律师的微信：一方面能建立一个长远的联系；另一方面可以让当事人用文字的形式对他的问题进行说明，并且能够把材料发过来，这样就提高了律师理解问题和初步解答的效力。对于简单的问题，律师可以出于承担社会责任的考虑，简要地提供一次简单指引。对于确实比较复杂有难度的法律问题，则可以直接告诉当事人这个问题比较复杂，需要当面沟通。

（熊震）

律师微信营销的专业格局

在小城市如何通过微信和微信公众号营销？

我认为首先应该理清楚把营销重点放在微信还是微信公众号上，然后再统筹起来进行营销。就我个人而言，我认为应该偏重于或者说主要通过微信来进行营销，同时将微信公众号营销作为微信营销的有益补充部分。这主要是因为在小城市执业受地域的限制，相应面对的受众也有其局限性——主要针对本市和周边地州，律师的专业化细分程度不是太高（在执业初期也很难形成比较细的专业化方向），文章的推广往往事倍功半，而且现在也过了公众号的红利期。所以我主要以微信营销为主，同时对公众号进行日常维护作为微信营销的补充。

（一）微信营销

在具体的微信营销方面，除了不断积累微信好友外，很重要的一点是头像、名称和备注的显示。我一开始用的名称是丽江律师熊震，备注则是电话号码，头像则是出席活动的照片，背景图片则没有特别挑选。经过一段时间尝试之后，我现在用的微信名称是熊震，备注则是“谋定后动，赢在准备”，头像是参加某次会议的个人全身照，背景图片则是参加云南省首届青年律师论坛的一张个人全身照。

之所以开始的名字叫丽江律师熊震，主要是为了凸显我的执业地域、职业身份，来增加我个人的辨识度，但是由于加我们微信的人往往都是熟人或者熟人介绍的，这样的名称其实没有必要，所以之后就将微信的名称直接实名为熊震。因为加我微信的人通过我的朋友圈也能快速知道我的职业和执业城市，所以没有必要把这个微信的名字搞得过于商业化。对于微信简介来说，一开始是出于便于联系我的考虑，后面我考虑过于强调业务联系，其实并不利于一开始的印象建立，所以认真思考了自己主要做民商事诉讼和法律风险预防，所以就用自己的执业要求“谋定后动，赢在准备”作为备注。对于头像和背景图片，我建议青年律师应该使用自己好好拍摄的职业照，半身、全身皆可，但要感觉像一个律师。最好穿合身的正装或律师袍，表情尽量端庄严肃，除此之外，眼神要坚定，身体姿势要自信自然，照片背景要有高级感，像素分辨率要清晰。一方面，照片能传递一个靠谱律师的良好印象；另一方面，在会面前看到律师的照片也会有助于当事人在心中形成对律师的形象，增强熟悉感，有助于之后的接洽。

（二）微信朋友圈营销

对于微信朋友圈的内容：首先建议不要透露过多家庭信息，因为律师的微信号基本上是自己的工作号，要公私分明，有隐私保护意识。其次频率不要过于频繁，一天三四条就反而引人屏蔽了，毕竟微信不是微博，微信更偏重于社交平台，微博更偏重于消息平台，所以律师发微信应该讲究质量、传递价值，一周一到两次的频率其实就差不多了。之所以说是一周两次，其实是因为诉讼律师需要一定的持续曝光度，通过一周一到两次高质量发送朋友圈，起到让当事人想得起你和加深印象的作用即可。最后，内容的推送应当是经过筛选的，正面展示自己的职业形象和专业格局，不要太多感性的伤春悲秋或者充斥太多指天斥地的负能量。

（三）微信公众号营销

至于微信公众号，维护比较耗费精力，对于小城市的律师来说向全国拓展微信公众号和把微信公众号做得特别成功其实是力所不及的，对律师执业没有太大帮助，所以我更多的是把微信公众号当作接案的辅助工具。经过对公众号近三年文章的整理，基本上按照执业笔记、工作动态、实用法律文书范本、业务须知、实用法律法规和读书笔记六个板块分别编号制作统一的索引文章，并且在主要的文章比如咨询须知、合同范本等别人会有兴趣的文章中加入了其他文章合集的网络链接。这样别人加微信需要咨询时，可以直接发送咨询指引文章和文书范本、法律常识文章给他，也能让当事人通过这些文章和其中的链接对律师有一个较为全面的了解，毕竟，当事人来咨询的时候一般来说也是会比较认真看律师公众号文章的时候。至于公众号的文章排版，因为对律师来说，公众号只是接案的辅助工具，简洁大气即可，可以用一些公众号辅助工具排好版再复制到公众号平台图文编辑器中即可。

（熊震）

律师的咨询收费方案应让客户认可

由于目前小城市当事人的收费咨询意识虽有改善但还需要一个较长的培育时间，同时律师执业时应当兼顾公益法律责任的承担，所以我在遇到咨询时会先进行分类：对于简单的民事咨询（一般多是微信咨询），向当事人提供法律常识、文书范本、风险提示的相关资料（PDF格式）作为参考，并在空闲时尽量通过语音提供一次简要的咨询解答，这样就既能对别人有所帮助，也不至于超出自己的负荷；对于复杂的民事咨询（一般多是当面咨询），则除了提供简单民商事咨询模式时的服务外，还会和当事人说明收费咨询的主要内容和工作周期，如果当事人同意则按《民商事法律咨询业务收费方案》协商细节并进行操作，如果当事人犹豫或者不同意则提供简单民商事咨询时的材料、简要地做一些指引和建议并祝当事人能顺利处理纠纷。

当然，我将这个咨询收费方案公示的好处就在于减少对当事人分类的成本和与当事人沟通的成本并让当事人理解我是经过审慎考虑后确立收费标准和服务模式的，并不存在见人下菜碟报价的情况。另外的一个好处是诉讼涉及的纠纷往往对当事人比较重要而且收费比较高，一般的当事人也不可能有丰富的与律师打交道的机会（而且律师是先收费后提供服务，也难免当事人心存疑虑），所以我通过咨询收费并且此收费可以计入后续律师费的方式给当事人提供了一个决策压力和成本没有那么大的“试用机会”，使当事人通过这一次的试用建立对我和我的团队的专业与职业道德的信任，也有利于后续的业务进行。

从律师的角度讲，收取一定的咨询费提供咨询报告既有利于后续案件的办理（确实通过咨询报告发现不宜诉讼或者不建议诉讼的情况，如果直接收取律师费的话，这样的情况就比较尴尬了），也避免了律师花费很多精力结果当事人不委托时的心酸和气短。而且咨询报告本身也给当事人提供了价值，对于只想到处找律师咨询然后自己操作的少数“精明”的当事人，不妨直说可以提供参考资料或者付费购买咨询报告作为一个参考，这样就把喜欢无偿试用律师的当事人筛选了出去，而真正懂得律师价值有法律需要的当事人往往很认可这样的“付费试用”。

我和律师朋友沟通时他们都曾向我提过一个疑虑：“如果提供了比较明确的操作思路和法律指引，那当事人不就可以自己做不请律师了吗？”我的回答是：“如果当事人本来就只是想到处

‘蹭’咨询，有没有这个报告他都不会委托律师；如果当事人的案子简单而且他自己的综合素质较强，那他能通过我们的咨询报告解决问题就是一件好事情；那剩余的认可收费咨询报告模式的客户往往也是理解和尊重律师价值的人，他们一般都会把案件委托给律师，让专业的人做专业的事。我们就只需要筛选出这样的客户为他提供优质的服务即可，他的明智也会很有利于后续案件办理过程中的沟通和配合。而且强扭的瓜不甜，律师不应该劝人打官司，对于犹豫和怀疑的当事人律师只要换位思考理解他们、尊重他们的决定并提供力所能及的帮助即可，否则一个错误的开始就会是失败的一半了。”

根据以上的逻辑，我也建立了自己的合同审查收费模式：

1.常见简单合同咨询

对于常见简单合同，出于公益目的制作了相关指引资料和参考模板，有此需求的客户留言索取即可。

（1）实用民事法律文书范本链接——借条、还款协议、离婚协议书、租赁合同、房屋买卖合同、民事起诉状……

（2）实用商事法律文书范本链接——印章管理承诺书、员工保密合同、公章使用登记表、章程、员工手册……

2.需律师起草、审查的合同收费标准

对于需要单独起草、审查的合同，最低收费标准为3000元/份，其中包括对主体合同（附属合同超过一份需另行收费）的起草和审查以及不超过两次的现场谈判（总和时间不超过三小时）、不超过两次的非因律师原因修改。

对于标的超过100万元的合同、疑难复杂合同、专业性较强合同，将根据以下因素综合报价：（1）耗费的工作时间；（2）法律事务的难易程度；（3）办理法律事务所需律师人数、律师的执业经历及业务能力；（4）律师事务所和律师可能承担的风险和责任；（5）委托业务的重要性、标的价值大小；（6）办理案件所需的其他必要成本支出；（7）其他影响到律师服务成本、支出和工作量的因素。

（熊震）

律师需打造高价值的法律咨询报告

（一）法律咨询报告的准备和起草

首先，按照收费咨询方案与当事人沟通好细节，比如根据当事人的口述和提供的材料（尽量只收复印件）来判断大概需要多少天的工作，然后与当事人沟通具体的出具报告时间，确定时间后除非非常特殊的情况，都应按时提交，实在难以按时提交也应该及时和当事人沟通，用负责的态度协商后续事宜。我一般是把协商好的细节当场用微信发给当事人并记入自己的日程，这样随时可以查到当时的约定，对双方都是一个约束。

其次，应该在确认细节后即做好《谈话笔录》，归纳总结当事人口述的事实，并请当事人当场核对有无细节错误后签字确认存档。因为律师对于案情的分析和预判基本是依靠当事人口述的事实和现有的证据，所以和当事人说明这一点并保留签字后的

《谈话笔录》很重要。当然，这一阶段也是和当事人谈付费的阶段，一般和当事人强调两点：（1）工作周期从付费之日起算；（2）发票在咨询出具报告后开好，如果继续委托律师办理案件，则在签订委托合同后按合同约定开具发票。

最后，我在具体起草法律咨询报告时基本是由团队的两名律师共同处理，也即一人起草一人核对修改并在核对修改后集体讨论，这样可以避免一些个人可能出现的错误。正式起草的法律咨询报告初稿一般来说有以下几个部分（以脱敏化处理后的一个真实民间借贷咨询报告的目录为例）：

第一部分　出具本方案的法律法规依据

第二部分　本案的基本事实

第三部分　当事人的主要诉求

　　一、要求×××尽快还款

　　二、尽量明确收回欠款的可能性、具体方案和相关的风险

第四部分　本案的争议焦点及法律分析

　　一、本案的诉讼主体

　　二、本案的管辖

　　三、本案的诉讼时效

　　四、本案的诉讼程序

　　五、本案的本金及利息分析

　　六、本案利息约定不明分析论证

七、本案逾期还款的利息计算

八、本案合同无效的可能性和刑事风险

九、本案的追偿可能性及建议

在具体的操作上，我一般首先进行对本案的事实梳理，尽量用严苛的标准来归纳总结当事人的陈述和证据所提供的信息，并按照时间顺序进行分段排列。为了便于当事人一目了然地掌握本案事实，我一般在梳理案件事实后会制作本案时间轴或案件情况一览表。在梳理事实的过程中，一般也会初步总结出案件存在事实不清或者证据不足的地方，并形成初步的争议焦点预判。

在梳理完案件事实后则会进行法律检索、主体检索。法律检索的第一部分主要是确认本案涉及的法律法规及其有无修改、有无效力废止情况，可以通过北大法宝等软件较快地完成这一步骤。法律检索的第二部分主要是根据案件可能的争议焦点进行相关案例、最高法案例、权威司法观点的检索，可以通过各种法律软件完成这一步骤（可以使用的软件比较多，比如OpenLaw开放法律联盟就能提供免费的其数据库范围内的相应检索和可视化图表分析）。主体检索则是对案涉主体的工商信息、被执行信息、开庭信息、裁判文书信息等各方面信息通过相应的工具和平台进行检索和汇总。

在完成以上工作后，就要首先完成本案的管辖、诉讼时效、诉讼程序的分析，这是比较基本的操作，如实全面地进行分析即可。之后则是对本案争议焦点的逐一分析论证，通过案件事实梳理和后续的检索、研究，尽量预测本案的可能进展和提出我方的应对策略，这也是最考验律师综合能力的地方。有些时候比较疑难的问题我会和共同完成这个咨询报告的律师多次碰头讨论，以形成较为统一的意见。

（二）法律咨询报告的提交

在咨询报告的初稿完成后，隔一天再审视一遍自己的工作成果，目的是尽量避免个人情绪和状态干扰审核。无误后即可交由另一名律师进行审核，这是为了避免自己的主观因素和知识架构对咨询报告的客观性有所影响。另一名律师审核后，二人开会讨论相应的重点无误后即可形成书面的咨询报告。提交的咨询报告应当同步采用邮件、微信等方式证明送达客户的事实。

对于准备提交给客户的咨询报告，应当在其中用标黑和画线的方式突出重点内容。因为咨询报告的主体内容是我方观点的依据和论证过程，但当事人急切想知道的是我方的观点。通过突出重点内容能够让当事人快速了解我方的观点，减少当事人的理解成本。同时在和当事人沟通咨询报告内容时，律师应当能把几十页的咨询报告用简明扼要的两三句话说清楚；也应该在当事人对某一细节有疑问时，全面详细地告知这一细节的依据和判定理由，以及这些依据和判定理由在咨询报告中的位置。要切记的是，律师必须如实地向当事人陈述对案情的分析结果，实话实说、实话直说，没有必要顺着当事人的意思说一些模棱两可的话，因为这样可能让当事人做出错误的决定。

（熊震）

律师应善用庭前方案提升客户体验

律师在庭审中的表现很大程度上取决于之前的准备工作完成度，当事人对庭审效果的认识也很大程度上取决于律师之前所做的工作和让其感受到的工作效果。我个人是很推崇“谋定后动，赢在准备”的，也很愿意通过实际工作让当事人理解我的工作价值和工作重点，以期让当事人能够更好地配合律师的工作。但是庭审中的表现往往是“外行看热闹，内行看门道”，作为律师参加庭审往往既担心当事人觉得雄辩滔滔、情绪激昂、声情并茂的律师才是真正有实力而且用心办案子的，又担心过于情绪化和言之无物导致法官频繁提示“说重点”的尴尬。

为了解决这一问题，经过认真的思考，我发现问题在于案件当事人无法判断律师的工作能力和效果，所以才往往看中律师的庭审“形体”表现和情绪渲染能力，毕竟这些感性的东西容易被感受和理解。于是，我想到的对策便是提高当事人对于庭审的理解能力，即结合庭审固定程序的特点和案件的具体情况，出具该案的庭前方案，既起到了提示当事人庭审注意事项的作用，又起到了让当事人提前对庭审有一个印象和判断，从而使当事人对我方律师的工作能力和效果产生积极的认识和判断。

特别是当律师依据要件审理九步法和案情对庭审的争议焦点和发问问题作了正确、全面的判断，当事人在庭审时拿着庭前方案往往有一种我方律师料事如神，“这把稳了”的感觉。所以一个专业的庭前方案往往能够让律师的庭审工作和效果事半功倍，主战场也从庭审时的现场表现移到了庭审前“庙算在前”。以下是我自己制作的一个作为被告方代理律师的简要庭前方案，希望能给大家带来有益的思考。

一、庭审前准备事项

1.牢记开庭时间，勿迟到，尽量提前十五分钟到达法庭。本案2019年5月×日收到的开庭传票上明确记载了“开庭的具体时间：____年____月____日以____时____分和开庭地点__________”，因此一定不能记错开庭时间，也不要迟到。根据法律规定，若原告无故不到庭，按照撤诉处理；被告不到庭，缺席判决。若确有正当事由不能到庭，需要开庭前提前向法官申请延期。

（1）本案的开庭地点为________，相关的注意事项为________。

（2）我方的拟出发时间为________，拟汇合地点为________。

2.开庭必须携带证据原件、原物和原始载体（录音和视频资料类）。在庭审中的举证质证阶段，必须要出具“证据原件”，若无原件，可能要承担举证不能的法律后果。本案需要我方当事人携带的证据原件为：________________。

3.开庭时当事人或者诉讼代理人必须携带身份证原件。非律师的诉讼代理人应携带委托授权书和身份证复印件。

4.旁听人员必须携带身份证原件。

5.开庭必须遵守法庭规则。在开庭的时候，绝对不要出现接电话、打电话的情况，一定注重法庭上的纪律。同时，在开庭时，不要用任何设备对庭审过程进行录音录像，法院会对整个庭审过程进行录音录像，若日后有需要，可以申请查看，但是绝对不要私下进行录音录像。

6.我方参与庭审的其他注意事项：________________。

二、庭审基本程序

民事案件在开庭审理过程中，会经过核查当事人身份→法庭调查（陈述、举证、质证）→法庭辩论→最后陈述→调解→宣布休庭这几个环节。

1.审判长宣布开庭

审判长会简单介绍一下审判员和书记员的基本情况，若案件适用的是普通程序，合议庭由一名审判长、一名审判员以及一名陪审员组成；若适用简易程序，庭审只由一名审判员主持。同时，审判长还会宣读当事人的权利义务，会征询当事人是否申请回避的意见。若当事人认为庭审审判人员与对方当事人有利益关系，可以向法庭申请审判人员的回避。[1]

我方对于是否申请回避的决定为________________。

2.法庭调查阶段

原告——提出诉讼请求以及陈述事实与理由，通常按照诉状陈述就可以，也可以在此阶段增加诉讼请求。若陈述内容和诉状完全一致，不必完全照着诉状来读，简要说明一下和诉状一致就可以。

____

被告——围绕原告的诉讼请求进行答辩。阐述主要观点就可以，不要长篇大论。若怕答辩观点不能详尽表达，可在庭后向法庭提交书面答辩意见。

争议焦点——法庭会根据原被告的陈述归纳争议焦点。原被告围绕争议焦点进行举证、质证。此阶段法庭会询问当事人一些问题，只要围绕问题如实阐述就可以。

① 根据《最高人民法院关于适用〈中华人民共和国民事诉讼法〉的解释》的规定，审判人员、书记员、翻译人员、鉴定人和勘验人有下列情形之一的，应当自行回避，当事人有权申请其回避：（1）是本案当事人或者当事人近亲属的；（2）本人或者其近亲属与本案有利害关系的；（3）担任过本案的证人、鉴定人、辩护人、诉讼代理人、翻译人员的；（4）是本案诉讼代理人近亲属的；（5）本人或者其近亲属持有本案非上市公司当事人的股份或者股权的；（6）与本案当事人或者诉讼代理人有其他利害关系，可能影响公正审理的。审判人员有下列情形之一的，当事人有权申请其回避：（1）接受本案当事人及其受托人宴请，或者参加由其支付费用的活动的；（2）索取、接受本案当事人及其受托人财物或者其他利益的；（3）违反规定会见本案当事人、诉讼代理人的；（4）为本案当事人推荐、介绍诉讼代理人，或者为律师、其他人员介绍代理本案的；（5）向本案当事人及其受托人借用款物的；（6）有其他不正当行为，可能影响公正审理的。《民事诉讼法》第47条所称的审判人员，包括参与本案审理的人民法院院长、副院长、审判委员会委员、庭长、副庭长、审判员、助理审判员和人民陪审员。书记员和执行员适用审判人员回避的有关规定。

（1）对本案的争议焦点预测为：______________________________。

（2）本案原告方的起诉理由和可能的补充为：________________。

（3）本案我方作为被告的核心答辩观点为：__________________。

（4）由于查明案件事实是民事诉讼的要求，所以法官可能在法庭调查阶段询问以下问题来确认本案事实，我方应如实回答。以下为结合本案相关材料和当事人陈述所推测的法庭可能发问的问题：____。

3.举证质证阶段

首先由原告进行举证，对于原告提交的证据，如果庭前已交换证据，则应提前整理好对原告方证据的质证意见。如庭前未交换证据，则应和当事人沟通后初步推测对方可能提交的证据，并提前整理好质证意见（此处略）。

4.法庭辩论阶段

此阶段围绕法庭归纳的争议焦点，结合上阶段双方当事人的举证及质证意见，各自发表辩论意见。法庭会根据案件的复杂程度，设置一轮或多轮辩论，在对方当事人进行答辩时，可记录要点，在下一轮辩论时，予以反驳。辩论时主要向法官阐述自己的观点，不要对对方当事人产生激动情绪，不要随意打断对方当事人的发言，同时要注意不要重复发表意见，已经说过的观点不要再重复。发表意见时，要大胆自信地表达观点，同时注意语速，条理清晰，便于书记员记录。

本案法庭辩论的要点和应对策略为：__________________________。

5.最后陈述阶段

进入最后陈述阶段，各方当事人用最简洁的语言，一两句话概括自己的庭审意见，重复观点无须再提。

6.宣布休庭

在宣布休庭前，审判员会征询各方当事人是否同意调解，若有一方不同意调解，直接宣布休庭；若都同意调解，由法庭主持调解。

鉴于本案的具体情况和与当事人的沟通，我方对于调解的态度和方案为：____________________。

（熊震）

律师审核合同的十点思考

合同是基于法效意思形成的关于债的合意，而对合同概念的诠释已有诸多法学家进行了尝试，其中较为详细的一种是："合同中所确定的规则原则上是建立在合同缔结人的意愿的基础上。只有当合同中所确定的规则（指符合法定类型强制的合同内容，笔者注）是合同双方当事人所作出的意思的体现，那么这种规则才是个人意思自治或者任何一方当事人自决意思的体现和实现。为了使合同各方当事人的意愿都能在合同中得到体现，他们彼此必须向对方明确表明他们的意愿。因此，合同原则上需要合同双方当事人在合同规则的内容上总是一致，且表明这一规则应予适用的两个意思表示。只有这两个意思表示结合在一起时才能使合同所确定的规则具有约束力。这两个意思表示彼此对应并构成一个法律行为。"①

① ［德］卡尔·拉伦兹：《德国民法通论（下册）》，法律出版社2003年版，第719页。

从前述的合同及其诠释来看，起草和审核一份合同并不难，难的是起草和审核的合同能够平衡各方利益进而得到对方律师和各方当事人的认可，也就是真正尽可能地体现双方的自觉意思。在笔者看来，好的合同就如好的宴席，从规格、上菜、口味、佐料、配菜都为当事人量身定制，恰到好处。下文就结合做饭的过程将审核合同的一些提示和大家进行交流。

（一）审核合同前要先“洗菜”

在开始审核合同前要和当事人进行充分明确的沟通，对于审核需要提供的材料、审核的周期、审核的效果取得较为一致的认识并为审核工作创造良好的工作基础再开始进行审核，否则不仅审核工作事倍功半，而且往往也达不到当事人的预期。因为确实有一些当事人在不理解合同审核工作的特点和作用的情况下，可能发几张照片或者拿一份空白的纸质文档就让律师审核，对律师询问合同的签订背景和履约细节等问题表示不理解，在这样没有做好前期接洽的情况下开展后续的合同审核是会有诸多不便的。所以律师在开始审核合同前一定要完成与当事人的充分沟通，不要在一个理解不充分、条件不具备的情况下开展工作，让自己陷入进退两难的境地。

开始审一个合同的第一点思考就是对于要审的合同进行核心事实梳理，即按照合同的各个要点来对合同内容进行初步的审核和整理，方便后续的操作。表1便是一个很基础的审核表框架，可以根据实际情况加入审核程序、负责人、主体风险信息等需要的内容，以作为后续工作的基础。审核表可以和合同审核意见结合使用，有时候我们会将合同复制之后在原文进行审核，这种方法比较快捷，但一定要在字体颜色方面和原文区别开来，能让别人一目了然审核、修改的内容。具体的修改方式可以参考全国律协的《律师办理合同审查业务操作指引》，是非常实用的。

表 1　常见合作合同审核表

合同名称：	签订时间：
甲方名称、签署人：	
乙方名称、签署人：	
合同金额：	合同期限：
合同经办人：	签字盖章情况：
合同相关材料、附件：	
合同主要标的：	
合同履行方式：	
合同履行情况：	
合同解除条件：	
合同违约责任：	
合同管辖约定：	
合同特别约定、可能涉及特别规定：	
备注、可能存在风险：	

（二）注重主体调查和审时度势

对合同审查的第二点思考就是高度重视主体调查，也就是对合同主体的相关资信查询。比如对法人就要查询相关的企业信用信息报告、相关诉讼记录、相关招投标记录（如有必要）和主要成员的资信（有无不良记录和诉讼记录），并将这些信息汇总来判断合同主体是否有无法履约的风险。这也是审查合同前必备的一步，在某种程度上可以说是例行公事。对主体是否适格、是否具有履行合同义务的能力、是否具有履行合同的风险此类问题的查明，不仅是履行合同的必备工作，也是为之后法律风险规避乃至诉讼提供保障。作为律师为企业审核、草拟合同，不仅要审核各方当事人的主体资格是否适格、合同是否能依法成立，更要在这一过程中查明各方是否具有履行合同的能力（比如是否为能够独立承担过民事责任的分支机构、合同标的的重要资产是否已负有债权等），进而将合同签订成立后无法履行的风险规避到最小。同时，律师也应该结合具体的情况和当事人，设立针对性的违约条款，是否需要抵押、是否需要公证、违约责任如何承担等都要从实际出发，提前做好准备。

对合同审核的第三点思考就是要审时度势，听懂当事人内心的声音。正确理解合同的目的和客户的真实意图是草拟合同或者审核合同的前提。无论这份合同是商战之后的乘胜追击之作，抑或初次合作的试探性接触，乃至是为了企业的上市、融资等其他目的而服务，都需要律师审时度势地达到当事人的目的，为其创设恰到好处的权利与义务。特别是当律师作为法律顾问来进行合同审核、草拟时，切勿仅仅把自己当作一个合同审核专员或者合同范本资料库管理员。在草拟、审核合同时，法律顾问应当提前做好准备工作，要了解公司的产品、生产线、经营模式，要了解企业的架构，要了解企业历史和行业前景以及竞争情况，要了解合同相对方的背景和此份合同的意义及目的，从而能够尽量从经营者的角度出发提供企业法律顾问意见。当然，法律的作用有其局限性，律师的作用也有其局限性，特别是在写合同时法律建议往往要考虑商业目的，所以律师在局限性中忠于职守即可。特别是在小城市，很多时候对于合同的审核和建议往往面临当事人（特别是自然人）过于期待律师的作用，而合同相对方则往往抵触心理很强，甚至就是不愿意律师介入。遇到这些情况律师还是应该重视沟通，让当事人和合同相对方正确认识律师的作用，如果沟通结果不理想的话，最终合同谈判也不会理想。

（三）重视技术性条款和签约过程

对合同审查的第四点思考是注意补充修订合同中的技术性条款，合同中的技术性条款包括合同的生效条件、合同的解除方法、合同的争议解决方式、合同的文本数量、文字效力、合同的管辖法院等不涉及合同实质性内容的条款。这些条款虽然不影响合同的实质，但对合同的履行以及争议的解决确是至关重要。

对于一些不需要律师到场的简单合同或者说很难修改的格式合同，我对于预防技术性条款法律风险采用的方式是提供简要的“补充协议”范本和签约注意事项。

1.补充协议范本

甲方、乙方主体信息略。

根据双方签订的《　　合同》，本着平等、诚信、友好的原则，双方达成如下补充协议以供共同遵守，本补充协议与原合同具有同等法律效力：

1.如乙方违反《　　合同》的约定或者有其他侵害甲方权益的情形，则甲方有权向法院提起诉讼以维护自身合法权益、追究乙方违约责任，甲方因提起诉讼发生的费用（包括但不限于交通费、误工费、诉讼费、律师费、保全费、诉讼保全险费、材料费、调查费、评估费、鉴定费、公告费、评估费、拍卖费等所有相关费用）由乙方全部承担。

2.本合同签订地、履行地为丽江市古城区。双方应当诚信履行本协议，任何一方未能履行或完全履行本协议的，双方一致同意应向合同签订地、履行地的丽江市古城区人民法院提起诉讼。

3.法院可按本合同中联系方式和地址进行司法送达，双方同意按本合同中联系方式传递的信息一经发出即视为有效送达，包括但不限于电话、短信、微信、邮件、邮寄、当面递交等方式。

甲方、乙方签字捺印部分略。

2.对外签约注意事项

为了更好地保证对外签订的合同能够如约履行，有利于发生纠纷时的协商解决，特对对外签订的合同签约流程作如下建议：

第一，签约前需核实确认对方当事人的主体资格。

①合同对方为自然人：核实并复印、保存其身份证件（勿以名片代之），确认其真实身份及行为能力。②合同对方为法人：由法律顾问查询其企业信用信息报告，确定其真实性；如果签约人不是对方公司法定代表人，需要核实订约人是否经其所在公司授权委托，查验其授权委托书（或介绍信），并在签约后保存好委托书原件，最好能保存签约人的身份证复印件；签订合同必须加盖对方单位公章、合同专用章；签约时应当核实并保存其营业执照复印件。③合同对方除加盖公章、私章外，要对方亲笔签名。因为合同约定为签字盖章生效，也就是同时签字和盖章（自然人则签字捺手印），不能只盖章不签字或者只签字不盖章。④签约时应当准确填写联系方式、地址等信息，特别是当签约对方为个人、个体或者非丽江商户时，并且尽量多填写前述信息（比如除了座机、手机，还要尽量填写邮箱、微信等信息）。

第二，对于合同拟增加的条款。

出于一旦发生违约和争议，有利于我方进行谈判的考虑，建议每个合同都增加这一条（我方作为甲方）以降低诉讼成本：如乙方违反×××合同的约定或者有其他侵害甲方权益的情形，则甲方有权向法院提起诉讼以维护自身合法权益、追究乙方违约责任，甲方因提起诉讼发生的费用（包括但不限于交通费、误工费、诉讼费、律师费、保全费、诉讼保全险费、材料费、调查费、评估费、鉴定费、公告费、评估费、拍卖费等所有相关费用）由乙方全部承担。

出于降低诉讼难度的考虑，建议增加这两条：本合同签订地、履行地为丽江市古城区。双方应当诚信履行本协议，任何一方未能履行或完全履行本协议的，双方一致同意应向合同签订地、履行地的丽江市古城区人民法院提起诉讼。法院可按本合同中联系方式和地址进行司法送达，双方同意按本合同中联系方式传递的信息一经发出即视为有效送达，包括但不限于电话、短信、微信、电子邮件、当面递交等方式。

对于这三条，在不影响商业经营和签约态度的前提下，也可以采用补充合同的形式加入其他签约合同之中。

第三，合同的必备条款要具体、明确。

具体、明确的基本要求：当事人名称须真实、一致；合同标的、数量、质量、价款、包装方式要具体、明确；注意验收方法、程序和时间；履行方式须具体，包括交货方式、结算方式；履行期限须确定某一时间点或时间段；尽量明确本司所在地为合同履行地；违约责任要量化为违约金或确定违约赔偿金的计算方法；解决争议办法为协商、诉讼，约定由本司所在地法院管辖。

第四，授权性文书管理要严谨负责。

①对公司开出的授权委托书、介绍信、盖章的合同书等授权性文件要跟踪管理，出具时应标明合同对方名称及授权范围、有效期限，业务结束要及时收回。②业务人员离职要及时收回上述文件，无法收回的及时以书面形式通知相关单位并做证据保全。③发现业务人员在委托授权终止后仍以本司名义签订合同的，及时确定是否追认；不予追认的要以书面形式通知对方并进行证据保全。必要时要求警方介入，追究其刑事责任。④合同签订后，合同原件须交公司统一保管。

（四）善用协定书、重视范本并适时拆分合同

对合同审核的第五点思考则是掌握君子协定和合同书的区别并灵活运用。意向书其实就是个君子协定，常用于一个项目的开始，双方为进行一些初步的接触和解决一些程序性的事项而签署。当律师认为形成一个合同会阻挠当事人更广泛的选择，而不签订书

面的文件又不能显示己方的诚意时，可以在意向书、备忘录、会议纪要等君子协定类文书中选择。所以君子协定一般不设定违约责任条款，语气也相对虚拟，合同书中的约定则比较刚性，多用陈述性的语气书写。

对合同审核的第六点思考是重视对范本的审慎使用。范本就像买来的菜，必须洗洗炒炒再上桌，所以草拟合同可以审核修改后使用范本，但也不能拘泥于范本。常规的合同起草，比如买卖合同、租赁合同等，稍微修改范本，确实可以达到满意的效果，但大多数范本都比较简单，无法达到为客户量身定做的目的。同时，对一类法律关系的合同范本应该认真修改，从而使其成为自己积累的合同范本。

对审查合同的第七点思考则是在有必要时对复杂合同进行拆分。我们可以视情况将合并在一起的合同拆分，特别是在存在多方当事人的复杂法律关系中，如果需要草拟合同，可以视情况将其拆分。比如，一个常见的借款项目中，会有借款人、出借人、担保人、反担保财产所有人等相关方。如果将这些当事人的权利义务笼统地写在一个合同中，可能会出现表述不清、互相牵制的情况。笔者认为可以视这些相关方在合同中的不同作用，以及不同的合同法律性质，分别设计各相关方之间的合同并分别签署。比如，上述借款项目可以分别起草为：借款合同、担保合同、反担保合同。这样既使法律关系更加明晰，也避免了某一方面违约时对其他方面效力的影响。

（五）从当事人的角度出发

对合同审核的第八点思考是站在当事人的角度进行合同审核修改，切忌玩文字游戏和废话连篇。简洁、准确、全面的条文是专业性的直观体现。律师的工作和含金量体现在解决问题上，如何调度文字，使合同结构合理、简洁明了、逻辑自洽，是我们需要经常思考、研究的问题。

对合同审核的第九点则是注重合同条款的繁简适当。合同的条款繁简取决于合同的目的，一份合同既可以短短不到一页纸，也可厚厚一本，但是《民法典》规定的合同的内容则是必备的主干，至于条款的繁简，则应根据具体个案进行草拟。

对合同审核的第十点思考是合同的倾向性要相对公平，需要站在己方的立场上酌情与对方换位思考。合同的倾向性应合情理、合法律。合同的成立过程，也是几方谈判和博弈的过程，这个过程本来就不会有绝对的公平，双方的利益只能维持相对的平衡。但是，公平总是相对的，律师应当综合全局，掌握好在项目中的利益平衡点，在达到己方目的、保障己方当事人利益的前提下，尽可能让各方当事人都能够接受。

量身定做的合同才能达到尽量高的法律服务质量，对法律服务的付费，应当根据服务质量而非服务时间。

（熊震）

律师法律顾问业务的洽谈和维护

企业作为一种组织，它是由各种生产要素所有者以营利为目的而组建的关系性的契约组织。[①]那么，法律顾问必然要考虑如何围绕营利之目的开展工作。所以，每一位担任法律顾问的律师，都需要反问自己：是不是挂名后只能被动担任法律顾问，企业不问律师不理，较为消极地开展法律服务，然后等到常年顾问单位有官司时则依约给予折扣，做一个被企业负面评价的顾而不问的法律顾问？

法律规定的，仅仅是合格的基准线，也就是最起码的服务内容和标准。如果律师仅仅就是在企业挂名、收费、偶尔审审合同，只能做到顾而不问的常见法律顾问服务标准，则企业不妨找相熟的

① 马俊驹主编：《现代企业法律制度研究》，法律出版社2000年版，第 7 页。

律师对合同进行审核、单次收费即可，毕竟，提供这样服务的律师已经将企业法律顾问简单地视为并践行为合同审核专员。

律师应如何定位企业法律顾问？这要看该律师的准备工作、重点工作内容以及服务报告的执行深度和力度。因为法律问题很难让公司赚到50%的收入，但很容易让公司亏掉50%的收入甚至更多。何况，“完善企业法律顾问制度，明确企业法律顾问的地位和权限，有利于更好地参与企业的经营决策，预防企业违法行为的产生，避免企业发生损失，这实际上也是为企业取得增量利益”。[①] 所以，一个真正称职的法律顾问，参与公司治理最大的用处就在于配合公司实现商业目标和自身发展的同时，能够尽力用专业的法律服务让公司规避能够规避的法律风险。

（一）有限责任公司特点和律师工作着眼点

有限责任公司设立程序简单，企业规模可塑性强，并能降低创业风险，一般适合于中小企业。特别是公司成立的注册资本改为认缴制之后，更加有利于创业者创建公司。

① 陈乃新：《经济法是增量利益生产和分配法——对经济法本质的另一种理解》，载《法商研究》2000 年第 2 期。

在市场经济中开创一番事业需要一路披荆斩棘，创业者或者中小企业经营者承担过高的风险乃至输不起并不是一个理性的选择。考虑到除了公司以外的其他企业的主体形式都涉及需要以个人财产来对企业经营承担连带责任，所以仅从风险承担和有限责任的角度来看设立有限责任公司是一个明智的选择。除了风险可控外，有限责任公司的性质介于股份有限公司与合伙企业之间，兼具资合性和人合性。资金的联合和股东间的信任是有限责任公司两个不可或缺的信用基础，也使有限公司的股东和管理层具有较强的封闭性。所以兼具资合性和人合性也导致有限责任公司机构设置灵活，股东参加管理，运作模式的规范性弱。

但是，由于中小企业的创立者之间往往关系密切，并且一开始创业时可能也并不明确成立公司的目的，而且初期往往更倚重核心创业团队的拼搏奉献，所以公司的权力划分、责任分配乃至红利分配往往并没有在一开始就放到台面上来谈。特别是对于初创公司来说，由于更多的是把公司的重心放在生存下来和打开市场，往往不重视内部的建构和把“有限责任”落到实处，中小企业生存下来后往往因为创业者之间的权利义务模糊、公司内部架构冲突而导致内耗，不利于公司的进一步发展壮大，严重者甚至导致公司内部冲突。

律师工作着眼点在于：有限责任公司的控制人（一般是法定代表人）对公司的控制力度和话语权是很强的，律师作为法律顾问时应当尽量和公司控制人对接。特别是中小城市的律师，应当与公司控制人之间有良好的信任（专业和人品）和沟通，这样才能在后续的法律顾问工作中发挥“船小好掉头”的优势，而不是让律师的工作事倍功半。

而对于公司的“人情味”架构隐患，律师可以考虑的对策：一方面，除了在担任顾问时做的法律体检外，还应当根据法律体检的内容向公司控制人提出建议，并尽量通过面谈让公司实际控制人知道架构调整的重要性。在实践操作中，我们也会遇见在律师多次书面提醒下，公司控制人还继续设立很容易引发公司僵局结构的公司。对于公司控制人一时的不能理解，律师也应当通过换位思考、全面沟通和勤勉的经常提醒来采取补救措施并进行后续妥善处理。另一方面，现在公司实行注册资本认缴制，很多公司设立时出资额随意、出资不到位，这既对公司的长远发展不利，也有可能产生不利的法律后果，比如出资额过高带来的法律风险和被抽查到出资不到位的罚款（公司的发起人、股东虚假出资，未交付或者未按期交付作为出资的货币或者非货币财产的，由公司登记机关责令改正，处以虚假出资金额5%以上15%以下的罚款），律师应当把出资方面的利弊和公司控制人讲清楚，让其重视出资问题，不要有侥幸心理。

（二）小城市律师的法律顾问收费

由于有限责任公司的控制人话语权较大，所以律师很多时候是直接和公司控制人沟通的，以下是我草拟的法律顾问方案。

1.法律顾问方案

第一，法律顾问服务现状分析

①中小企业日常法律需求特点：需求频率不定；防范风险有必要；重要但非主要；重大问题靠谱比价格重要。

②法律顾问服务市场痛点：顾问水准参差不齐；工作量、工作效果难以统计；收费缺乏合理标准；大问题难以得到靠谱的服务。

③解决思路：以服务商业目的为原则通过综合性法律服务团队提供可视化、产品化、标准化的法律顾问服务。

第二，实施方案

①达成法律顾问意向后，先签订保密协议再进行初步法律体检。

②根据法律体检结果，结合顾问单位现状出具法律风险意见书。

③与顾问单位协商后，酌情决定是否进行合规治理、制度建立。

④合规治理即为顾问单位某一方面的事务（股权治理、财务制度、人事制度、合同管理等）建立操作流程和书面制度，将预防相关风险和达到商业目的相结合。

⑤合规治理前应先与顾问单位确认需要进行合规治理的项目（如针对股权治理、合同管理等），然后再按商定的项目制订书面实施方案，经顾问单位签字或盖章确认后进行实施。

⑥在担任顾问期间不定期向顾问单位提供立足本地的法律风险提示和其他相关法律风险预防资料。

⑦顾问单位的日常法律事务，未转为项目或诉讼的，以出具的书面法律材料为计算工作量的主要依据，顾问律师按照约定时间根据具体工作量制作书面《顾问单位非诉事务统计》交由顾问单位。书面材料指工作日志、法律意见书和顾问单位签字确认的谈话笔录等书面工作成果。

⑧对于具体的收费标准，在参考省律师法律顾问计时收费标准的基础上，综合考虑工作小时数与以下因素进行计算：a.耗费的工作时间；b.法律事务的难易程度；c.办理法律事务所需律师人数、律师的执业经历及业务能力；d.律师事务所和律师可能承担的风险和

责任；e.律师职称级别、律师的执业年限和工作水平；f.委托业务的重要性、标的价值大小；g.办理案件所需的其他必要成本支出；h.其他影响到律师服务成本、支出和工作量的因素。

制作书面方案的好处是能向客户展现我们的准备充分和专业性，并可以根据方案的内容来引导谈话的节奏，所以在实际洽谈中还是能起到一个较好的作用，后续则按照自己执业能力的提升不断修改优化即可。

2.收费方案

通过方案谈到具体的收费方式时，我采取的做法是提供书面的合同范本作为参考，一般收费方案都是放在法律顾问合同之中，我常用的是："7.1.1　年费方式：甲方每年支付乙方基本法律顾问服务费人民币（大写）：____________万元整（小写¥：______元整），并于合同生效之日支付______万元，在合同期限的最后三十天支付剩余的______万元。在合同期满时，双方可就本年度法律顾问工作量主动提出增加或减少法律顾问费并进行友好协商。7.1.2　乙方承诺放弃通过诉讼途径追索本合同中约定的法律顾问费。"

之所以这样设计这一条，是因为和诸多企业控制人沟通后，统一反映的问题是"请了律师不知道有什么用"和"收了钱也没办什么事”，而在小城市进行计时收费是不现实的，所以采取半弹性收费模式对我来说是相对可行的办法。并且日常的顾问工作我也会注意留下工作记录，作为顾问期满弹性调节的依据，让法律顾问服务可视化。至于第二款的放弃诉讼是因为我觉得律师与客户是相互选择、相互成就的关系，如果确实是不尊重律师、拖欠律师费的顾客，那么拉入黑名单即可，也不必进行诉讼，这对于律师的口碑是有害无益的。

（三）日常法律顾问单位维护

在签约担任法律顾问后，除了之前承诺的顾问法律方案要落到实处外，还需从以下四点出发做好法律顾问单位的日常维护，尽量避免法律风险的产生或扩大。

1.重视梳理公司过往档案

担任法律顾问后，鉴于很多有限责任公司并没有自己的章程、年报存档，又或者内部的章程性文件有一定可能和市管局处的档案不一致，所以法律顾问取得公司控制人支持去调阅复制公司在市管局处的内档并进行初审是很有必要的。这项工作是日后有限责任公司法律顾问参与股权治理、并购等重大决策的基础工作，并且如果公司有章程之外的规定文件，在审核时也可以对公司的大致情况、管理思路有一个充分的了解。调档是个比较辛苦的过程，在小城市很多企业在请法律顾问之前可能连公司章程都没有存档，而且很多公司的负责人又喜欢变来变去，所以去市管局复印一堆公司内档回来整理历史沿革是必须做的“辛苦活”。

2.及时对过往合同及主要合同业务的评估

法律顾问的工作并不是合同一签订就结束了，如果不是为了合同能够顺利履行，又何必费心竭力协商谈判草拟合同？所以当新担任一家单位法律顾问时，应当梳理公司的过往合同。如果顾问单位之前没有合同管理制度，法律顾问在帮助其建立合同管理制度的同时应协助其整理存档过往合同，对于需要扫描建立电子档案的合同也应当一一落实到位：对于已签订并履行完毕的合同，查明有无后续风险即可。对于已签订但尚未履行的合同，就要认真审核履行过程中是否存在问题和针对措施，并对合同履行的期限以及各个时间节点进行风险监控，一旦有问题能立刻予以处置。对于尚未签订的合同，则应从公司实际出发，审时度势，根据谈判结果为企业量身定做具体条款。企业法律顾问对公司合同复制、整理、审核后应尽快提出合同合格、合同需要签订补充协议、合同履行存在风险等对应的书面法律意见。

3.在顾问初期提供《××有限责任公司法律风险评估报告》

在担任有限责任公司法律顾问并较为全面地初步了解了公司架构、

对外合同后，应当将核心的问题总结成《××有限责任公司法律风险评估报告》送达顾问单位。做这个评估报告的作用有三：一是让顾问单位对公司现在的法律隐患有一个清醒的认识。有限责任公司具有强大经营灵活性的另一面是公司的经营不规范性，所以企业法律顾问应当先对有限责任公司整体状况进行评估并让顾问单位了解、重视；二是将企业法律顾问的作用和价值清晰化、可视化，发现问题的下一步是解决问题，让顾问单位清楚法律顾问发现问题、解决问题的整个过程，能够使其直观地感受到法律顾问的价值；三是促进配合，有利于顾问单位对企业法律顾问的工作风格有一个初步的了解和认可，有利于进一步顾问服务的开展。

法律顾问应当在提交《××有限责任公司法律风险评估报告》的基础上趁热打铁，除了公司的日常咨询和合同业务外，更重要的是在制度上对公司内外两方面的法律风险进行把控。对内来说，有限责任公司的法律顾问帮助公司梳理好公司控制权、知识产权、公司资产、劳动关系四个方面的管理，并根据公司的具体情况建章立制，让企业不产生可避免的内耗。对外来说，有限责任公司的法律顾问应在做好合同管理体系、法律风险预防、应急处理流程的基础上，从企业的角度出发，发挥法律专业能力参与商业决策和经营管理。

4.坚守法律顾问的原则性并积极进行价值拓展

一是法律顾问服务工作的原则性。有鉴于有限责任公司的人合性强，企业法律顾问一般直接向主要股东提供顾问服务，对有限责任公司发展遇到的法律问题的参与广度和深度强于其他类型的企业，有时甚至不仅为法律问题提供建议，更要为商业问题发表一定的意见。这里特别强调法律顾问要保持一定的独立性，是为了在关键性问题上更好地发挥法律顾问的作用。作为法律顾问的律师如果完全以有限责任公司的商业决策为主，把自己仅仅当作执行者，对于原则性的法律问题不直接说出风险、不明确表示反对，反而会给公司带来不必要的风险。我们做法律顾问，一定要在该讲话的时候提供明确的参考意见，不能为了满足当事人的商业预期而吞吞吐吐、遮遮掩掩，不明确地提示法律风险，反而害了当事人和自己。在这些问题上，无论当事人感性上如何感受，理性上他应该知道自己需要有原则、坚持法律意见的律师，律师不该有畏惧的心态和复杂的考虑，做好专业即可。

二是除了基本的法律顾问工作，我们可以考虑拓展自身的价值。比如我们也可以在竖向企业链条上延展自己的顾问链条。竖向是指顾问单位的上下游企业，比如酒店的法律顾问可以拓展旅行社的法律顾问单位，依次类推，进而提升律师综合分析问题的能力并提供给顾问单位更多的价值。又或者在横向业务上进行拓展尝试。

（熊震）

律师诉讼业务收费方案的二个原则

对于律师来说，收费是大家都经常思考但不喜欢拿出来谈的问题，特别是对于独立执业的新律师来说，如何制定收费标准、设计收费流程、进行收费谈判也是需要根据自身实际情况认真考虑的。我认为收费的主要原则有二个：

（一）建立个人（团队）收费标准，坚持统一定价原则

收费不要看人下菜碟，严格按照自己的收费标准收费很重要。很多时候，客户最在意的不是收多少费用，而是在收费上被律师区别对待，特别是很担心会被当成“冤大头”。而且客户担心收费“看人下菜碟”的隐藏顾虑是律师会不同案件不同标准办理，继续在涉及当事人切身利益的案件代理过程中“看人下菜碟”办理案件。所以既然律所都需要公示本省的律师收费指引标准，那么我们就应该以本省的收费指引标准为基础，按照自己的实际情

况，做到在较长的一段时间内类似案件同等收费、同等办理标准。并且在和客户沟通时，也可以直率地说会以公示的本省收费指引标准为基础，综合案件情况提供书面收费方案。

客户一般知晓了我们的收费标准是公示的，而且了解了公示内容也是我们收费定价的基础，就会打消被当作“冤大头”收费的顾虑。当然，诚信是立身之本，遵守本省收费指引标准是律所的形象重要组成部分，严格按照标准收费也是我们个人口碑的重要组成部分。

（二）掌握案情为报价前提，坚持书面报价原则

一方面，我们对一个案件的报价必然综合案件实际情况和承办律师情况后再给出统一价格，如果未对案情有一个较为全面的了解，最终的报价有可能不会太准确（偏高或者偏低或者形式不合理）。我们可以采取收取一定咨询费的方式先行出具书面咨询报告，在客户确定委托后再根据书面咨询报告对案件发展的预测来制定收费方案。

另一方面，建议不要口头报价，而是统一采取书面报价的形式。口头报价让律师的报价显得比较轻率，而且如果第一次见面对案情不了解时就口头报价会让当事人觉得轻率，不利于接案委托和后续业务的开展。书面报价除了在感性上让当事人觉得比较慎

重，而且也从侧面展示了我们确实是统一按标准收费的。当然，这是因为我的执业方向是民商事诉讼，所以采取书面收费方案确实也比较适合具体的接案和沟通。对于刑事案件的话，主办律师个人的综合素质和气场其实很重要，刑事案件也不容易像民商事案件一样提供书面收费方案。

在诉讼业务方面其实收费还是相对非诉讼业务要好得多，因为当事人对于打官司要收费还是比较理解，比较有心理准备的。所以在提示了当事人收费标准和出具了对案件进行预判的咨询报告之后，我会根据当事人的要求制订书面的报价方案。书面报价方案一般会说明收费的标准和原因，并根据不同的案件类型提供收费方式以供当事人选择。

（三）作为参考的书面报价方案

2019年云南××律师事务所民商××号收费方案

甲方为当事人；乙方为云南××律师事务所。

云南××律师事务所就您与甲某某民间借贷纠纷（共____笔借款，本金为____万元，详见《谈话笔录》和《法律咨询报告》）出具委托代理收费方案如下，以供甲方参考和选择。委托代理收费标准参照自2017年1月1日起正式施行的《云南省律师服务收费行业指引标准》，按诉讼标的____万元计算。

1.方案一（含差旅费用）

（1）双方实行部分风险代理。

（2）乙方按照____%的比例在甲方收到甲某某涉案款项（三个案子案涉所有本金和利息）当天从中提取律师费用，已收取的律师费用不退。

（3）甲某某分次向甲方付款，则乙方在甲方每次收到款项当天按____%的比例提取律师费用。

（4）甲方支付先期律师费用（含差旅费）为按实际案件进展收取。

①一审先期律师费用为____元，甲方在签订协议之日付清____元律师费（扣除前期法律咨询费____，实际支付____），立案成功之日（以收到立案通知书为准）付清剩余先期律师费____元。

②如发生二审，甲方向乙方支付二审先期律师费用____元，如未发生二审，则甲方不用支付此笔先期费用。

③一审或二审判决生效之日，甲方向乙方支付执行先期律师费用____元。

④以上先期律师费用包含差旅费用，乙方不再另行收取。

（5）乙方按照____%的比例在甲方收到甲某某涉案款项当天从中提取律师费用时，须由甲方先行扣除乙方已经收取的先期律师费用（以实际支付为准）。

（6）上述乙方提成和收取的费用包括一审、二审、执行阶段，除此之外乙方不再收取其他费用。

（7）如甲方在诉讼中与被告达成调解，则乙方律师费按照本方案

（1）—（6）条收取。

（8）上述收取的律师费根据云南省律师协会2017年1月13日印发的《云南省律师服务收费行业指引标准》进行计算，计算的参考诉讼标的为____万元。

2.方案二（不含差旅费用）

（1）双方实行部分风险代理。

（2）乙方按照____%的比例在甲方收到甲某某涉案款项（三个案子案涉所有本金和利息）当天从中提取律师费用，已收取的律师费用不退。

（3）甲某某分次向甲方付款，则乙方在甲方每次收到款项当天按____%的比例提取律师费用。

（4）甲方支付先期律师费用（含差旅费）为按实际案件进展收取。

①一审先期律师费用为____元，甲方在签订协议之日付清____元律师费（扣除前期法律咨询费____元，实际支付____元），立案成功之日（以收到立案通知书为准）付清剩余先期律师费____元。

②如发生二审，甲方向乙方支付二审先期律师费用____元，如未发生二审，则甲方不用支付此笔先期费用。

③一审或二审判决生效之日，甲方向乙方支付执行先期律师费用____元。

④以上先期律师费用不包含差旅费用，如发生需到丽江市古城区、玉龙县范围外出差，每趟出差前收取差旅费____元，如去云南省外出差，出差前综合机票和天数报价向当事人收取差旅费。

（5）乙方按照____%的比例在甲方收到甲某某涉案款项当天从中

提取律师费用时，须由甲方先行扣除乙方已经收取的先期律师费用（以实际支付为准）。

（6）上述乙方提成和收取的费用包括一审、二审、执行阶段，除此之外乙方不再收取其他费用。

（7）如甲方在诉讼中与被告达成调解，则乙方律师费按照本方案（1）—（6）条收取。

（8）上述收取的律师费根据云南省律师协会2017年1月13日印发的《云南省律师服务收费行业指引标准》进行计算，计算的参考诉讼标的为____万元。

3.方案三

（1）双方实行按标准收费代理。

（2）甲方自签订协议之日起付前期律师费____元，在乙方立案成功后三日内支付后期律师费____元。无论是判决前调解成功（以经甲方同意后签订调解协议或调解书为准），还是一审结束（以下判决书为准），都按此费用收取，乙方应在收取全部费用后五日内开具发票给甲方。

（3）如发生二审或需要乙方代理执行，则由双方友好协商相关律师费用。

（4）如甲方放弃诉讼，则由甲、乙双方友好协商律师费用。

（5）以上先期律师费用包含差旅费用，乙方不再另行收取。

（6）上述收取的律师费根据云南省律师协会2017年1月13日印发的《云南省律师服务收费行业指引标准》进行计算，计算的参考诉讼标的为____万元。

4.收费标准计算

对于具体的收费标准，在参考云南律师计时收费标准的基础上，综合考虑工作小时数与以下因素进行计算：a.耗费的工作时间；b.法律事务的难易程度；c.办理法律事务所需律师人数、律师的执业经历及业务能力；d.律师事务所和律师可能承担的风险和责任；e.律师职称级别、律师的执业年限和工作水平；f.委托业务的重要性、标的价值大小；g.办理案件所需的其他必要成本支出；h.其他影响到律师服务成本、支出和工作量的因素。

以上是一个民间借贷案件当中我们团队出具的收费方案，总共分了三种方案。因为案件可能在异地进行审理，所以方案中也相应地出具了是否包干差旅费的两种部分风险代理方式。

对于此类案件，部分风险代理一般能在律师和当事人的利益之间取得相对的平衡，相对于纯风险代理和标准收费模式，我一般倾向于部分风险代理模式。在具体和当事人沟通时，我也会比较直白地说纯风险代理模式对于律所来说风险比较大，按照标准收费则又不太符合当事人的利益，所以部分风险代理模式可能相对比较好一些。当然，在律师充分说明和提示利弊风险后，对于拿到执行款把握比较大的当事人会选取按标准收费模式。

在提供方案之前，我会和当事人说明对案件的基本认知和判断以及各种收费方式的利弊，然后提供书面方案。这里的原则就是递交书面报价方案之后等当事人先开口，因为我们已经很有诚意地提供了我们深思熟虑按照统一收费标准综合案情所决定的方案了，所以安静礼貌地等待当事人的回复是最合适的处理方式。对于有些不能接受方案的当事人，则应当在他说明要考虑之后，以不让他感觉尴尬的得体方式引导谈话结束。

对于明确接受并选择方案的当事人，则应当在当事人书面签字确认《谈话笔录》《咨询报告》《收费方案》的内容以表明他已经确实充分理解的基础上，按照律所规定的流程办理后续委托手续。对于认真阅读收费方案之后需要调整价格的当事人，我一般会当即明确告知他具体的收费方案是按照律所规定和指引标准综合案情决定的，也就是不会变的“一口价”。一般当事人会表示理解并根据自身情况做出决定。当然，当当事人明确表示我们认定的案件基本认知和他的某些认知有差异时（毕竟当事人对案情了解更加全面和熟悉），如果该认知因素确实是我们的定价基础之一，则我们会根据这一因素对定价进行相应调整，但这种情况一般比较少见。

在非诉业务方面的收费，相比诉讼方案就头痛多了。对于一般的合同审查，我倒是已经制定了书面的收费标准和指引流程，一般需要费心的是和有委托意向的当事人沟通成本。委托审查合同的当事人如果不是常法顾问单位，很多时候对于律师的作用会有很大的预期。参照刑事案件对于超过合理会见次数后的会见单独收取费用，合同审查可以根据谈判时间、次数和合理修改外的次数来确定单独费用收取办法。

而对于非诉项目的收费，具体收多少很难制定详细的书面方案。因为有可能高标的的非诉项目反而法律关系简单、事实清楚；而标的小的非诉项目却法律关系复杂、事实不清，但律师在接手前往往也只能靠经验来进行判断。而且当事人对非诉项目的收费理解和认可往往不如诉讼案件，况且律师提供的是法律服务，随着法律服务的付出进度，客户对律师工作的价值认可和付费意向会逐步降低，所以律师需要提前收取律师费用。但是非诉项目有其特殊性，特别是有些非诉项目的投资周期长、风险大，律师的工作成果和实际效果难以评估、比较，难以和当事人取得一致。故而，律师对于非诉项目要有投资思维，和项目投资方建立一种长期合作关系——对于成功的项目，则在成功时参照律师的作用酌情按比例收取费用；如果项目失败了，也不要计较一时得失，这也不失为一种相对折中的收费方法。

鉴于收取费用和判断费用之间的矛盾，我现在的尝试是对于长期合作的对象采取投资思维（一般是常年法律顾问单位，双方也有一定合作基础和信任）。对于其他的非常年法律顾问的非诉项目则先判断能否有共同的认知（是否对该项目的法律成本和必要性有充分的认知），在此基础上对于可以合作的对象则尽量采取分阶段收费或者弹性收费的方式。

（熊震）

律师如何高效率准备普法讲座？

作为中小城市的律师，所接到的讲座邀请基本以普法为主。从个人角度而言，我认为进行法律讲座既是一个很好的个人形象展示途径，也是有效且“体面”的案源拓展办法，所以对于遇到的讲座邀请一般都会尽量安排好时间去讲，并尽己所能讲好。

（一）来源：日积跬步

讲座的机会往往来自日常工作交往，特别是在参与带有公益性的社会活动（法律宣传、公益调解等）或者有发言机会的会议之中，因为自己积极参与和发言而带来相应机会。我做律师之后觉得律师特别多，微信朋友圈一刷全都是律师，但其实日常生活中很多人在自己的朋友圈中是不容易找到律师的，所以通过比较正式的活动把自己“推广”到别人的朋友圈中很重要。

（二）准备：全面细致

在接到讲座邀请之后，先核对时间、地点、人数、时长、讲座要求、是否要做PPT和带笔记本电脑等细节问题。确认时间是为了安排“档期”，确认地点是保证自己能够按时到达讲座地点，确认人数是让自己有一个心理准备，确认时长是为了根据讲座时间来提前准备内容，确认讲座要求是按照对方要求的重点来“备课”，确认PPT和是否需要带电脑则是细节衔接上的要求。

（三）提纲：案例为王

确认以上各个节点之后，提前一段时间准备好讲座内容和PPT。我一般会先根据讲座主题进行法律检索和案例检索，然后做一份Word版本的讲座提纲，再根据讲座提纲的内容做好PPT。做两份文稿的原因在于，PPT的内容一般比较精简，讲座提纲打印出来之后可以作为讲座时一时记不起来的“救命稻草”，而且直接做PPT容易思路不清晰、不连贯，有一个打底的讲座提纲，PPT做起来会更加轻松。我建议讲座提纲除了要点之外，还可以多找一些真实案例，契合主题的案例找到相应的法院判决书，摘选部分内容放进课件。虽然律师不是专业做PPT的，但PPT也是律师形象的一部分，我们至少要做到简洁、大气、清爽。在时间有限的情况下，我个人制作PPT的经验是付费买模版，然后根据提纲组织内容，可以实现高效、美观。

在普法讲座中，鲜活的案例展示很重要，在刚做律师时和同行交流如何搞好讲座，同行也提到重视案例，还分享了一个经验——“看着台下精神不集中就讲离婚和借钱，马上气氛就好了，因为每个人都会遇到这两方面的问题，百试百灵”，我实践后深以为然。案例还可以作为过渡素材，讲座中如果忘词或者一时接不上来，可以马上延展一下日常法律风险预防的必要性，进而讲借贷的故事，如果借贷的故事讲完还没想起来，那就接着拓展婚姻和租房、买房的法律常识，直到在合适的时间点回到提纲上来。

（四）目标：完成为先

在讲座中声音不好听、内容太老旧等因素都不是对讲师打击最大的，对讲师打击最大的应该是面对听众的目光脑袋中竟然一片空白，咬牙思来寻去还是觉得没什么想交流的。所以一定要准备充分，不要让自己在讲台上演默剧，即便是念完讲座提纲也比“这个律师搞不成、话都说不出一句”这种印象要好得多。

在进行讲座前一到两天会紧张很正常，提前紧张后，讲的时候会更放松。建议至少在讲座前一天试讲一次，讲出声把全部内容过一遍。

对于没有讲座、发言经历的新律师来说，要高度重视第一次讲座（建议不超过50人）。只要基本合格地完成了第一次讲座，以后就会越讲越好，毕竟第一次的难度最大。如果确实没有公开讲座、当众发言的经历，可以先通过在少数人面前进行练习或者找一些10—20人左右的会议多发言来找到状态、克服恐惧。

（五）到场：协调配合

到了讲座当天，应该提前30分钟到达讲座地点和组织方进行对接，调试好PPT和话筒。我一般会和现场工作人员、记者同志加个微信，一方面是请他们帮忙拍照片传给我，用于后续做简报宣传；另一方面我会把讲座的PPT、讲座提纲和相关的一些法律风险预防资料发给他们。发这些材料有两个目的，一是请工作人员发到今天讲座人员集中的微信群中，便于听众了解讲座内容，二是方便记者同志后续的新闻报道。

（熊震）

律师新媒体营销的“道法器势”

移动互联网时代，新媒体对于法律服务营销无疑是一大机遇。理论上我们可以通过各大新媒体平台，向无限地域、无限人数来宣传我们的专业服务，赢得客户；比起传统的做好专业、口碑相传、社会活动，新媒体营销代表着更低成本、更低门槛的获客渠道。

但真正尝试过，会发现律师做新媒体营销，面临几个问题：不知道怎么做，做了又坚持不下去，即便坚持下来，一看没什么效果。本文就从律师新媒体营销的“道法器势”四个层面与大家共同探讨，律师新媒体营销如何开始、如何持续、如何见效的问题。

（一）道：产品思维

1.产品定位

以微信公众号为例，很多律师注册一个账号就开始发内容，缺乏基本的“产品定位”。牺牲晚上或周末休息时间，辛辛苦苦写了些专业文章，结果发现并没有什么用。

其实微信公众号可以视作一个小型的内容产品，我们需要对它有一个总体规划，来指导我们的长期运营，才能最高效地发挥我们辛苦写作的内容价值，达到转化案源的最终目的。律师做微信公众号，最常犯的错误就是：给同行普法，却给客户讲专业。

2.用户定位

我们得从产品用户定位开始，搞清楚公众号主要面向的读者是谁：自然人客户、企业客户还是律师同行？不同的产品用户定位，意味着不同的内容传播渠道与案源转化路径；同时也要求我们的产品具备相应的功能，放在公众号，就是要求我们产出不同类型的内容。比如，我定位面向客户运营公众号，目的在于建立“市场品牌”，转化路径当然很直接：客户看到专业内容，认可专业水平，当发生相关法律需求时，想到我们的专业品牌，联系洽谈。

3.功能定位

还有一个问题，就是功能定位，即内容形态，面向客户运营公众号的内容，更建议将功能定位在“普法、实用性”上面，更多地去结合生活场景、商业场景。

不要怕同行觉得你写的文章浅显低端，产品思维重要一点就是搞清楚你的目标用户是谁。当我们面向客户做内容运营时，同行的评价没那么重要，因为他们在这个产品定位里压根不是目标受众。

生产“面向客户的内容”虽然转化路径比较短平快，但其实是大部分律师最不擅长的事情。这要求律师站在客户的角度来考虑问题，并能够以尽量浅显易懂的语言去表述，还得有趣有吸引力。这条产品路径看起来简单，实则门槛较高，能够做得到的律师，基本都已经在各类平台（不一定线上）实现了不错的品牌及收益。

4.行业品牌

对大部分没有经过专门内容生产训练的律师，可能还是得从“面向律师同行”的产品定位出发，做起来相对容易上手，目的在于建立“行业品牌”，转化路径是：同行看到专业内容，认可专业度，转发到朋友圈，客户看到专业内容，虽然不是很懂，但感知到你专业，通过同行/内容中的信息联系到你。

虽然不够直接，但确实是在行业里经常发生的场景。其实背后还隐藏了另一种可能的转化路径：同行看到专业内容，认可专业度，有可能将咨询相关专业问题的客户，直接转介给你。

这条路径目前可能还不多，但随着律师专业分化的演进，将越来越常见。

选择“面向律师同行”产品定位，生产内容的形态也与“面向客户”不同，更侧重于专业，比如分享一些疑难案件的诉讼策略和思路，或者一些复杂非诉项目的业务操作细节。

（二）法：运营系统

1.系统思维

我们都看到或听说过很多律师营销的成功案例，甚至学习过专门的讲座培训，但自己去尝试效果就一般，因为很多时候，我们只看到表面具体实施的步骤或成果，未识得背后整个运作体系，即“法”的层面。这些营销的方法，脱离了特定的环境或资源，很难复制并发生同样效果。律师新媒体营销若不得其“法”，会感到吃力，难以为继。所谓"法"，我的理解就是搭建系统，有体系地去做事情。

很多事情，从点去做，效率太低，成本太高，而且很难出效果；从面去做，反馈还行，但可能因为缺乏深度，转化不够；唯有从"体"去做，立体布局，才能让各个事件相互衔接，放大整体效果。尤其是律师专业品牌运营这件事情，影响最终转化（成案）率的因素非常之多，更需要我们系统谋划和执行。

2.系统设计

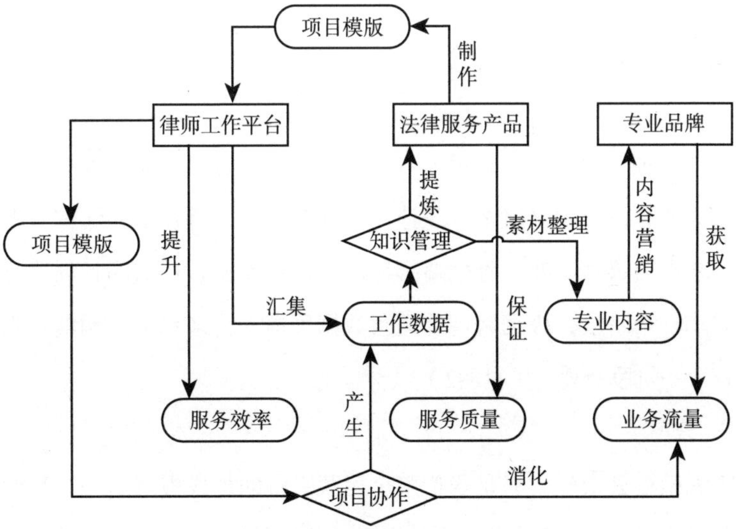

图 1　运营系统参考思路

从图1可见，系统的出发点不是营销，而是日常的律师业务。从业务中积累工作数据，从数据中提炼法律服务产品，同步生产专业内容，作为内容营销的素材。以律师日常工作积累，来组织内容输出，大幅度降低内容生产时间、精力成本，解决律师新媒体营销难以持续的问题。

另外还有一点好处，就是营销成本降低之后，得失心不重，反而收放自如，效果可能会更好。这个周期可能较长，我们可以进一步完善运营系统中的法律服务产品、内容素材，这是我们的战略储备；一旦业务流量起来，我们也可以高质量地消化，同时促进营销，不丢口碑。

3.系统执行

在产品定位明确后，一定要着手搭建自己的营销系统，并结合自己的资源及市场环境进行改造。搭建系统的力量在于，让你着眼于全局去谋划，在一种战略指导下，稳步输出。目前的计划执行完毕一个阶段，根据客观的运营数据反馈，再来总结、调整，制订下一阶段计划。（见图2）

比如微信公众号，只是我们整个运营系统的构成板块之一，我们同时还需要考虑更多的内容复用形式及分发渠道。

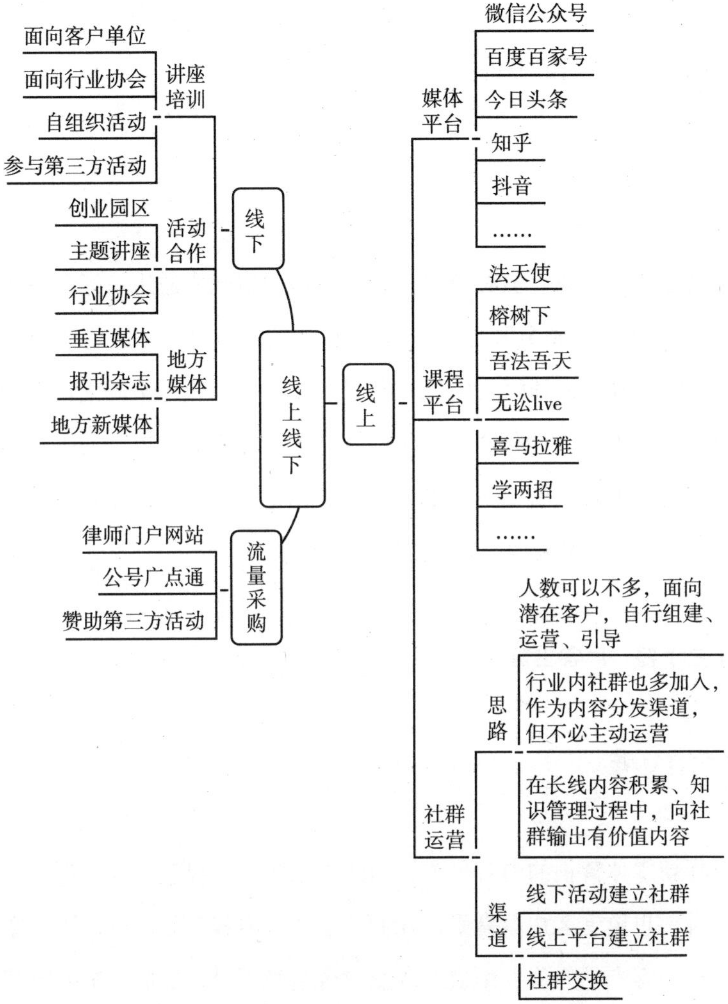

图 2　运营系统参考思路

若缺乏系统，即便生成过一些优质、传播广泛的内容，也不知道下一次在哪里。对于一个专业品牌而言，质量稳定的曝光，远比一时的爆款更具商业价值。

4.系统拓展

系统运营的思路，放在律师的执业发展中也同样适用。运营系统之外，再加上成员分工、团队资源、薪酬制度……这些底层设计，其实就是律师团队/律所的系统。很多律师觉得案源无常，所以开始致力于公司化、做团队、做品牌、做产品，也是为了构建一个良性循环系统。形成专业服务的稳定盈利能力，让团队成员获得安全感，释放生产力，提升生活品质。

（三）器：内容工具

1.内容复用

律师新媒体营销的内容形式，当然不止写作，视频、音频当下很流行，也更受客户端喜爱。我们除了强调内容产品定位，更需要注意内容产品的分发渠道。专业内容生产不易，我们要把内容产品转化为尽可能多的形式：文章、视频、音频、课程、讲座、书籍、手册等，去向符合我们产品定位的渠道分发，来最大化内容产品的复用价值。

2.分发渠道

我们团队比较擅长专业内容写作，所以我们营销侧重文字内容输出上。于是我研究了适合投放专业文章内容的渠道以及这些内容平台的特征，最终选择了几个主要渠道，兼顾“私有流量+算法推荐+内容发酵+SEO”多种效果。

（1）私有流量

其中最常规的是微信公众号，它的特点是用户直接关注你的主体，平台本身不会过多干预，可以积累私有流量。缺点在于内容的复用价值较低，宣传效果一般就发生在推送的72小时中。

（2）持续流量

像知乎这样的问答社区平台，比较适合用来做内容发酵，高质量内容可能获得持续曝光机会。相较于微信公众号的封闭生态，知乎的内容是可以被百度检索和收录的，同时产生SEO的效果。

（3）平台流量

今日头条的优势在于庞大的公共流量池，即便粉丝数为0，只要内容有一定的传播价值，符合平台算法推荐机制喜好，就有可能被平台分发到其庞大的流量池中，让优质专业内容品牌快速成长，帮助我们无限扩大传播范围。

（4）传统媒体

北京家理律师事务所，主打婚姻家事业务，他们目标客户群体构成有很大部分会是家庭主妇——电视频道、视频平台的天然受众。家理选择通过这类渠道来投放他们的专业内容，非常大概率能够精准覆盖到目标潜在客户。视频类内容投放，最理想当然是比较主流的电视媒体，比如央视节目“律师来了”。有这样的官方媒体平台背书，进行一些律师个人的专业展示后，所产生客户流量效果非常明显，成案率估计也会很高。

（5）抖音平台

传统媒体渠道背后需要一定的资源匹配，对于没有这部分资源积累的律师而言，可以考虑通过新媒体平台来进行视频内容的投放。进入这个平台的门槛相对低一点，并且也有独特优势——流量和用户人群更加丰富多样。

短视频内容的市场“生态环境”，更像充分竞争的商业市场，需要我们对内容生态和背后的平台逻辑有一定的理解；同时要求持续、高强度的输出，并且输出的内容得贴合平台本身的规则和它的生态特征。

3.内容工具

市面上同类工具很多，也各具功能特性，我一贯原则是，尽量用最少工具，以及每款工具最核心几项功能，组合顺手搭配，快速迭代产品。因为在很多运营事项，乃至日常业务工作中，工具没那么重要，关键是背后驱动的系统思路。当然，好的工具搭配，能够帮助我们提升效率，更低成本地执行运营思路。

（1）印象笔记

无论我们去制作音频课程，或剧情视频，起点还是专业内容写作，比如课程讲稿、剧情脚本等。我们平时在公众号、朋友圈看到有价值的文章，可能会转发朋友圈，或放到微信收藏。这些内容虽然优质，但其实利用率很低，因为后续你很难精准地找到并利用自己需要的内容片段。

印象笔记有两大重要用途，其一是素材积累，印象笔记可以帮我们迅速收藏网页、知乎、微信公众号等内容，形成自己的素材库，并且其检索功能非常强大、迅速，连PDF或图片内文字都可以搜到。

其二是内容输出，并且会有两种场景：碎片写作、长篇输出。它在电脑、手机、平板多端同步的特性，能够帮助我们随时进行灵感积累。在坐车、排队时，想到什么问题就可以拿出手机写两句，积累一段时间后，再把这些文字片段进行整理、润色。

比起坐在电脑前专门写一篇文章，碎片写作能够将写作的压力、时间成本分散，可以轻松完成长篇输出。加上我们在平台长期积累可以全文检索、复制粘贴的素材库，输出速度简直成倍提升。

（2）石墨文档

第二款推荐给大家的写作工具是石墨文档，可以在线编辑文档、表格，直接导出Word、Excel文件。它支持多人协同编辑一个文档，可以查看每个人的编辑记录，并且支持在文档中进行讨论。

比如，我跟团队小伙伴同时做一份投标文件/研究报告，篇幅较长，我们就分板块负责撰写；在一个协作文档中同步开工，最后可以导出一个Word文档。再如，团队进行专业课程研发，可以用石墨文档分工合作课件文稿、案例素材、可视化图表等环节，项目助理先完成粗线内容，再由主讲老师在协作文档中完善，或者用评论提出修改建议。

石墨文档实时记录每次编辑的版本及成员，方便需要的时候进行版本回溯，还可以实时看到合作项目进度；如果发生工作交接，也方便接手律师了解修订过程，免去文档传来传去的版本管理错乱。

（3）幕布

最后要推荐的写作工具是幕布，一款大纲工具，可以帮助我们梳理框架思路，并支持一键生成思维导图。框架确定后，再来写细分节点和具体内容，就会非常迅速，并且不会偏离主题。律师的专业思路，无论是做业务，还是进行内容表达，都基本遵循金字塔结构的逻辑层级；而幕布大纲，则是呈现这种思维结构极佳的辅助工具。我在做诉讼业务时，也经常用它来准备质证意见和答辩思路；层级清晰后，有些临场调整也会很快。

幕布默认使用文字界面，缩进分级，适合快速记录，需要演示的时候再生成思维导图；除此之外没有太多复杂的功能或设置，非常容易上手。

（4）音频录制

如果以音频形式录制专业内容，个人比较推荐使用讯飞语记，功能体验比较好。印象笔记也支持录音，甚至操作界面都有点相似，但讯飞语记多了一项主要功能，可以实时将你的语音输入转化为文本。

虽然微信语音也有转文字功能，长按一条语音就可以使用，但操作起来不是很方便，尤其是在涉及大量内容的情形下；比如一两个小时的音频课程，要整理成文稿，如果一条条使用微信语音转文字，效率稍微低了一点。

讯飞语记则更加专业，边录音边转化为文字，两个小时的音频同时产生八九千字的文稿，非常迅速。之所以强调这项功能，是因为符合我们复用内容的需求，文字稿稍加整理，就可以进行多渠道分发。

除了同时生产文字内容，讯飞语记还有一点优势，就是能够获得一整个音频文件。

音频文件支持进行分段标注，以及完整导出，方便我们进行后期剪辑、加工。后期不论我们用来再投放到其他平台，比如喜马拉雅，或小鹅通，还是把音频嵌入微信文章，都容易实现。

（5）视频剪辑

视频内容的生产工具，我个人及团队使用最多的是剪映，一款支持录制、剪辑的免费手机App。在录制前就可以选择视频效果，再将时间长度设置为10—15秒，可以边录边发朋友圈。

录完后，剪映会自动保存片段的素材，快速导入，方便二次剪辑，低成本制作现在很流行的短视频，分发到我们正在运营的渠道。

不论平台本身定位是高端或低端，其中的内容是娱乐/严肃，这些是你可以去选择、适应的内容生态。但平台本身蕴含的巨大流量，内容的快速传播模式，以及用户的高度活跃，这些是实打实的商业价值。

剪映与抖音很适合搭配使用，抖音虽然特效多，但视频剪辑功能一般，可能不满足我们对专业内容的加工需求；而剪映的素材管理、编辑功能更强，可以用剪映进行视频录制、剪辑、增加特效或文字后，再导入抖音分发传播。

（四）势：流量生态

流量生态，也就是新媒体行业的趋势。只要能够输出高质量的内容（文字、音频、视频、书籍、课程），在任何趋势下都会是硬通货。

1.优势：专业内容

新媒体平台的内容虽然已经高度富集，但专业内容天然具备高区分度，依然稀缺，依然存在红利。

我们其实没有必要讨论现在是微信公众号的红利期，还是抖音视频平台的红利期。把运营系统搭建起来，把法律服务产品、内容素材储备好；哪阵风头来了，都能让我们飞一会儿。

2.趋势：分工协作

构思产品定位，产出定位方向内容，直至构建整个运营系统推动系统运作将耗费律师大量的时间和精力，背后所需的学习、练习、实践积累，跟我们形成某个方向的业务能力相比，成本投入只高不低。

所以我们可以观察到，业内有的律所/律师团队已经进行了专门的岗位分工，有了市场运营部，或专门的产品经理角色。这类岗位配置/角色分工，已非传统律所一个附属部门的概念；而成为与专业法律部门、专业律师对等的协同分工，处于团队/律所发展的战略板块。

由执业律师兼职来做这部分事情，很常见，但效率不够；虽然律师专业品牌的市场容量足够大，但市场的窗口期不一定那么长。抢占了一个窗口的团队/律所，完全可以再复制一次同样的运营模式，快速布局延伸领域，抢占市场空间。

如果自己的定位就是独立律师，或者暂时没有找到适合加入的团队，也不影响。我们经常说一个人也是一个团队，个人层面也需要考虑清楚自己的产品定位，把时间、精力、社交资源，当作一个团队来进行系统的分配和组织，也能形成完整的运营系统，无非就是小型一点，但独立律师的成本低，有些运作可以更灵活，投产比也不错。

但还是更建议利用团队/律所的资源来构建运营系统，一个人的时间精力毕竟有限，即便独立完成运营系统，并且市场反馈不错，但资源组织效率终究不高，容易错失市场窗口。

3.借势：超级用户

律师新媒体营销想做出市场效果，需要持续投入的时间、精力和人力成本还是比较高的。而有些运营环节，并非律师擅长部分，并且律师也没必要去掌握新媒体运营的全部流程。很多时候我们可以与平台合作，借平台本身的趋势来推进专业品牌成长，形成共赢局面；从而抛弃一些累赘因素，让我们运营系统的效率更高。

在逻辑思维跨年演讲中，曾提出“超级用户”的概念。很多平台90%以上的商业价值，是由极少数10%以内的用户所贡献；这部分用户不单为平台贡献商业价值，甚至成为平台后续发展以及获取新流量的核心因素。

站在用户角度来考虑，律师做新媒体营销想从一些平台借势，就可以把自己/团队打造为平台的超级用户，让平台自愿为我们投入资源、扶持我们的运营活动。律师在内容层面具备天然优势，因为我们所生产的专业内容对大部分平台来说就是稀缺品，律师完全可以把时间精力集中到我们擅长的专业内容生产、积累环节，让平台来帮我们分发和传播。

我们完全可以结合自己/团队的专业定位、客户定位以及运营系统规划，通过优质、专业内容的持续输出，连接各类平台、机构、公司、品牌、产品等，让他们成为我们的合作伙伴、分发渠道，帮助我们专业品牌的整体增效。

（吴皓）

律师如何做好朋友圈营销?

随着互联网的流量逐步由PC端向移动端迁徙，微信以社交工具的形态切入人们生活，并逐渐布局到移动端通信、支付、娱乐这些主要场景。作为微信产品的一大支撑——朋友圈功能，除了日常的生活记录功能之外，被挖掘出更多用途。对于律师而言，我认为朋友圈的意义有三方面：替代公众号、塑造形象、生动名片。

（一）替代公众号

在微信内容生态圈内，自媒体已经杀成一片红海。随着公众号的数量不断上涨，大量同质内容的公众号盘亘其中，新号很难做出区分度；由于微信团队的调整，公众号的入口从一开始与普通联系人并列，到现在被归入“订阅号”这样的二级分类，入口进一步加深。这时再来运营一个公众号，需要大量时间精力进行维护不说，可能还得投入不少资金物料用于推广，否则难有成效。

于是有人提出朋友圈公众号的概念：一个普通的个人微信号，但是以公司或团队的名义来运营。

律师朋友也可以将自己的朋友圈当作一个公众号来运作；或者想要运营一个公众号的团队或者律所，而又没有足够的人力物力，不妨从运营一个微信号开始，冠以团队或者律所的名义进行宣传。

这样做有三点好处：其一，普通微信号当然与联系人处于同一个列表层级，群发的消息会被直接显示到手机锁屏，但是也要注意别频繁骚扰；其二，普通微信号可以参与到好友的朋友圈社交当中，相较于订阅号推送消息被打开的可能性越来越低，朋友圈刷屏是确定会被看到的传播方式；其三，相较于订阅号刻板的推送与诸多限制的消息回复功能，普通微信号的朋友圈点赞、留言无疑更具互动、沟通优势。

（二）塑造形象

平时参加的活动、研读的书目，乃至办案过程中的感想、心得，这些执业过程中的图文资料、心路历程，如果能够以恰当的方式在朋友圈记录，日积月累，就能够塑造专业的律师形象。

律师业务的一大渠道，来自同行、亲友的介绍，而且这类介绍的成交概率也更高，因为其中有更多的信任背书。

在平时的交流沟通中，律师可以有意无意地传递出自己在某些方面的专长，或者是在某些领域办了漂亮的案子，自然被人口耳相传，更勤奋一些的，总结经验撰写成文，然后得到大家的认同。虽然形式不同，本质也是在向周围的人展示自己的专业形象。

而微信，作为手机端用户最庞大的社交工具，无疑是一个绝佳的展示窗口。通过一种恰当的方式，在朋友圈展示自己的学习、研究、工作状态，在分享生活进行社交的同时，也间接地传播自己职业信息，塑造专业形象。

（三）生动名片

朋友圈能体现个人一以贯之的生活、工作状态，更有助于判断这个人的性格、观念这些不容易呈现但是对于用人团队来说很重要的指标。

同理，一张刻板的名片能帮助律师传达的东西实在有限，而有心经营的朋友圈，相当于打造一张排列着丰富信息的个人名片，而且展现的方式更生动，展现的内容更有血有肉。

若以运营的思路来发朋友圈，其实也是一种内容输出的过程，同样需要遵从“有趣、有料、有格调”这三项价值标准，方能达到更佳营销效果。

1.有趣

有趣，意味着你所发布朋友圈的文案、配图不是平铺直叙、自说自话，而是有一定的故事性或者互动空间；哪怕是一些专业范畴的感悟、总结，最好也能够以巧妙的角度切入作为引子，然后才开始展开阐述。

这里有个技巧，有些事情能够用图片来说明的就上图，尽量减少文字表述。当然，更高一筹的做法是图片与文案的相互衔接，打造出一种转折起伏的戏剧效果，或者营造出悬念吸引人参与讨论。

2.有料

有料，就是要在朋友圈中提供一些有价值的信息。很多人只是内容的消费者，未能参与到生产环节，亦即只能成为别人价值的传播媒介，而没有制造自有价值。哪怕转发别人的文章，也应该在读完之后，附带上自己的点评、感想。总之就是要对已有内容进行一定程度的提炼加工，将自己原创的东西附加上去，如此才能与众多的转发内容形成区分，展示自己的思考逻辑与专业视角。

3.有格调

有格调，就是要做出区分度。有的人本身就富有魅力，他的朋友圈可能随之具有亲和力；有的人比较感性，他的朋友圈可能感受领悟内容居多；有的人冷静理性，他的朋友圈会有很多分析和推理。你可以选择释放自己真实个性，也可以为了职业需要，有意地去塑造一个理想的人格状态。

打造一个别具格调的朋友圈，你在发每一条状态的时候，都会透露出强烈的个性色彩。不但能够帮助你的消息在好友的时间线上博得更多关注与互动，还可能从中匹配出更多志同道合的朋友，乃至将来的合作伙伴。

要提醒的是，朋友圈是一位律师个人职业形象的重要展示场地，在朋友圈转发的消息，除了日常的娱乐社交之外，律师仍需保持一定的职业谨慎。哪怕在朋友圈转发这样的小事上面，也不容大意。因为律师身份也为朋友圈转发提供了隐性的专业背书，人们有理由相信，律师会比大部分普通人具备更强的逻辑分析能力，他们所转发传播的某些信息更具可信度。律师若爱惜在朋友圈的职业形象，对于很多热点消息，应当在自己明确基本事实的前提下才去传播，否则该持审慎态度观望，而不是盲目跟风。

（吴皓）

律师团队业务模式创新

就律师行业而言，我们在“新时代”下面临三项挑战：其一，互联网消弭着律师服务市场的信息不对称，客户能够获取大量法律服务供给信息，有更多选择空间与议价能力，律师同行反而陷入价格竞争困境。其二，在科技驱动下，法律服务市场以更快的速度被开发、占领，并突破地域限制，高维打低维。其三，法律人工智能入场，常规律师业务面临挤压乃至替代。

随之而来的，又有三项机遇：其一，互联网科技引动商业机会爆发，诞生出大量、新型法律服务需求；其二，客户越发认可律师的专业服务、专业品牌，付费能力、付费意愿提升；其三，律师在科技辅助下节约大量时间，得以集中于特定专业法律服务领域的精耕细作，以更少人力获取更高回报。

面对上述挑战与机遇，我认为需打通“科技、产品、品牌”三个板块，分别解决“服务效率、服务质量、业务流量”三个问题，以系统力量推动律师业务拓展与创新，把握随新时代而来的法律服务市场红利。

（一）以科技提升法律服务效率

律师与科技，应是前者去管理和使用后者的关系，律师通过了解、学习乃至参与研发定制来掌握科技的力量为自己所用，提升服务效率，赢得富余时间、精力投入知识管理、产品提炼、专业品牌这些战略板块布局，谋求长远发展。

1.律师工作平台

律师工作平台发展至今，已不止于简单提供“案件审批、客户管理”功能的OA系统。几款市场上主流的律师工作平台，便集成了“律所行政审批、法律数据检索、团队工作协同、专业知识管理”等众多功能。律师工作平台在律师业务模式创新体系中，不仅发挥“工作支持”的作用，也扮演“知识漏斗”的角色。律师业务项目推进过程中生成的工作经验、法律文书、客户资料、法律检索结果等知识成果，会以电子数据的方式汇集在系统中，成为后续知识管理、产品研发的素材。

2.办公辅助工具

不同于律师工作平台，办公辅助工具并非专门针对律师行业而生，却不妨为律师所用而显著提升工作效率、专业积淀，关键在于根据团队的业务定位、协作需要选择相匹配的辅助工具。

3.法律人工智能

近两年兴起的法律人工智能，大致可归为两类：一类面向客户端，提供自动法律咨询服务；另一类面向律师端，帮助律师自动完成一些业务工作。律师可通过与客户端法律人工智能的合作，解决一些简单、量大的法律咨询服务，赢得客户流量与口碑，再挖掘高价值业务机会；而熟练运用律师端的法律人工智能服务，则能够直接减少律师工作量，把时间花在更有价值的业务环节。

（二）以知识管理提炼标准产品

传统律师业务模式很大程度上依附于特定律师个人，同一时间能够负载的业务量有限。“知识管理”“标准产品”的目的，便是将律师专业服务能力与特定律师个人分离，多次产生价值，而只消耗一次人力成本；同时通过团队协作分担负载，保证服务质量的稳定。

1.管理、沉淀专业知识

此处所言“知识”，可分“法律”与“经验”两个板块。法律板块包含法律文书（合同协议、诉状申请、法律意见等）、案例法条检索结果、客户咨询反馈记录等，经验板块包含司法审判程序对接、业务办理过程及注意事项、客户洽谈（委托前）、客户沟通（委托后）等。

在使用律师工作平台、辅助工具等科技的“漏斗”汇集律师工作数据的基础上，律师可对这些原始数据进行“二次筛选”，按照上一段的板块划分，将其中有普遍参考价值的知识提出，为研发法律服务产品做准备；再将其中可作为专业内容写作素材的知识分类归档，为专业品牌的内容营销作支撑。通过这步工作，可以从原始数据中筛掉大部分冗余的工作信息，沉淀出有价值的那部分“知识”，并通过分类、归档进行有效管理。

2.提炼法律服务产品

市场上有很多关于“法律服务产品”的宣传，大多停留在某项法律业务的成套文书阶段，我认为其完备程度尚不达“产品”标准。因为就一项完整的法律服务而言，法律文书只是其最终呈现结果，形成法律文书之前的客户沟通、法律检索、司法程序等“过程”，才是其骨架。

通过“管理、沉淀专业知识”的基础工作，完成了对“法律”与“经验”两个板块专业知识的筛选。而法律服务产品的提炼工作，便是从这些专业知识中，就某类业务，划分出其主要工作阶段；再细分出每个工作阶段的具体工作任务；然后将具体每个工作任务中涉及的法律文书、注意事项、业务经验、参考案例、法律法规对应录入；最后，利用律师工作平台的“项目模版”功能，将提炼出来的知识设置为“模版”，下次遇到同类业务，直接复制生成一个包含该类业务全套业务流程、经验、文书的项目，依任务步骤即可办理。

3.法律服务产品应用

基于知识管理的法律服务标准产品的研发过程、成果成品，将产生两层效果：对内而言，团队的业务知识、业务经验得以沉淀、固定为律师工作平台中的电子数据，新人进入、业务交接都有迹可循，不再过多地依赖老律师言传身教；对外而言，法律服务产品中的法律文书、业务经验可直接用于处理下次同类业务、满足同种客户需求，很多基础工作不必重头进行，在减少律师工作时间同时保证服务质量。律师在形成法律产品过程中投入的时间因被后续重复使用而产生价值，大幅降低律师的法律服务成本。

另外，法律服务产品中的标准法律服务模式、团队协作流程、配套法律文书等，可以通过律师工作平台直接对客户进行展示，从视觉上让客户感知律师团队的专业度、法律服务背后的规范流程、细密工作，成为一种营销手段。

（三）以内容营销建立专业品牌

以内容营销建立专业品牌，在行业中不乏成功例子，但真正去尝试，会发现优质原创内容要么写不出来，要么太耗费时间，难以持续，即便坚持，也未达到预期效果。

1.基于知识管理的内容营销

应用科技、知识管理、提炼产品，便是律师工作数据的反复沉淀、筛选，这些经过多次整理的信息，其实质即为专业内容，只需再经过符合传播载体的形式加工，即可作为建立专业品牌的营销内容。即便在专业品牌积累初期，品牌所定位的业务量、专业知识积累还不那么丰富，也可以通过预先的案例研究进行产品储备，同时进行内容营销。

随着专业法律服务品牌逐步形成，能够获取精准的、特定领域的业务流量；律师又通过律师工作平台、法律服务标准产品来消化这些业务，录入到系统中的法律文书、法规案例、业务经验等数据将越来越丰富，为内容营销提供源源不断的素材支撑，形成正向循环，保障内容营销的持续、高质量输出。

2.内容营销的多种形式及渠道

营销虽然对律师很重要，但毕竟律师不是专职的作者或编辑，即便有知识管理的素材支撑，生产内容成本依然不低，所以需要更注重将产生的专业内容转化为不同形式，并在尽量多的渠道分发，通过优质内容的反复传播发生价值，降低内容营销的时间成本。

一篇专业文章写就，除了在微信公众号推送外，还可以在无讼、简书、百度百家、今日头条等媒体平台发布，或在知乎、悟空问答等社区回复到适合的问题答案下，增加内容的曝光量，甚至有机会被百度等搜索引擎收录；如果提前做好规划或在积累一定数量后，还可以考虑编撰成电子书，或联系出版社发行纸质书籍。

同时可以考虑转化为音频、视频、在线分享、线下讲座课程等形式，音频可以投放到喜马拉雅，在线分享可以选择法天使、榕树下、吾法唔天、无讼live等业内课程平台，线下讲座课程可面向同行交流或客户单位培训。

3.内容营销到业务转化的路径

近几年互联网技术、新媒体平台爆发，改变了客户获取信息的习惯，内容营销成为在当今的传播环境中建立品牌的最佳选择；相较于其他营销手段，内容营销能够通过内容定位、传播渠道选择来获取更精准的流量，有利于形成品牌的专业影响力。但从内容营销到实现业务转化，其实有不同路径，选择适合方式才更可能达到预期效果。

面向客户的营销，关键在于建立信任，目的是直接委托。因缺乏信任基础以及明确的法律服务需求，内容首先要做到通俗易懂，有足够大的曝光量，增加筛选基数，这时候挑选一些自带用户流量的平台作为分发渠道就很重要；然后可以采用添加微信、组织社群、线下活动的方式与客户建立连接，逐渐加深品牌印象与信任度。

面向同行的营销，关键在于建立专业认可，目的是转介业务或业务合作。首先通过专业品牌划出细分法律服务市场，提升业务维度，避开与同行潜在竞争，产生合作基础；而后通过输出对同行有价值的专业内容，比如法律服务标准产品的研发成果、存在疑难的业务实操经验等，以公众号文章、出版书籍、线上分享、线下交流等形式向同行释放，若确实给同行带来帮助，自然会逐渐认同专业品牌，埋下合作机会。

（四）小结

律师业务模式的创新升级，必然是一项系统工程，服务效率、标准产品、专业品牌这些要素缺一不可。很多时候我们看到业内一些律师/团队采用了某种新颖的工具平台、工作模式或营销方式，觉得可行去采购引进、学习模仿，但效果却与别人差距甚远，或根本无法实施落地，原因在于我们看同行的成功业务模式，可能只看到了别人呈现出来的某些点或面，而未窥见其背后整个运作系统全貌；仅停留在点或面上生硬模仿，要么效率低下难以坚持，要么虚有其表产生不了实质效果。

本文介绍“科技、产品、品牌”三个板块的内容，便是力求呈现新时代背景下律师业务模式创新升级的系统思路，具体每个板块下的执行细节，限于篇幅未作详细介绍，且不同律师团队/律所有自己的个性，全盘参考未必适合，更宜在建立系统思路后根据团队与区域市场特点灵活运用。

（吴皓）

律师专业知识管理思路

本文中我将结合律师日常工作情形，分享如何利用印象笔记的几个常用功能，来实现专业沉淀、写作积累、素材收集三个目的。

（一）专业沉淀

律师工作长期接触大量法律法规、文书合同、专业文章等大量文字资料，若能妥善整理，加以消化，将是一笔可观的专业知识积累。我们可以围绕专题来汇总法规、案例、文章，以点破面吃透专业。

以一个细小的劳务合同审查工作为例：

第一步，其中涉及劳务用工的问题，这是我不了解的点，需要进一步查询。

第二步，找到相关的法规文件：《民法典》《劳动法》《劳务派遣暂行规定》等。

第三步，法律数据库会提供某些法条的相关案例链接，我通过看所审查的合同中一些条款相关的法律条文的判决书，推出可能涉及的纠纷，进而作出风险提示。

第四步，一些条文的叙述理解不透，于是进一步检索其他律师关于这一法条评析的相关实务文章，找到的有：《劳务合同与劳动合同的区分》《劳务合同合规性的问题》《辞退劳务合同的员工是否需要赔偿》等。

以上这些内容，我会全部复制到云笔记，分别新建一篇笔记，并以“法规、案例、文章”三个文件夹来分类，然后归类到一个大的文件夹，就叫“劳务用工”，如图1所示。

至此我就建立了一个初步的专题，叫作“劳务用工”。后面无论是诉讼、合同审查，还是出法律意见、法律函件，涉及这个问题的时候，比如辞退劳务合同工、劳务用工侵权纠纷、设立劳务派遣公司等，在处理过程中查到的资料，都可以按照“法规、案例、文章”的分类，归入到这个专题下的三个文件夹——这是一个专题的横向吸收，如图2所示。

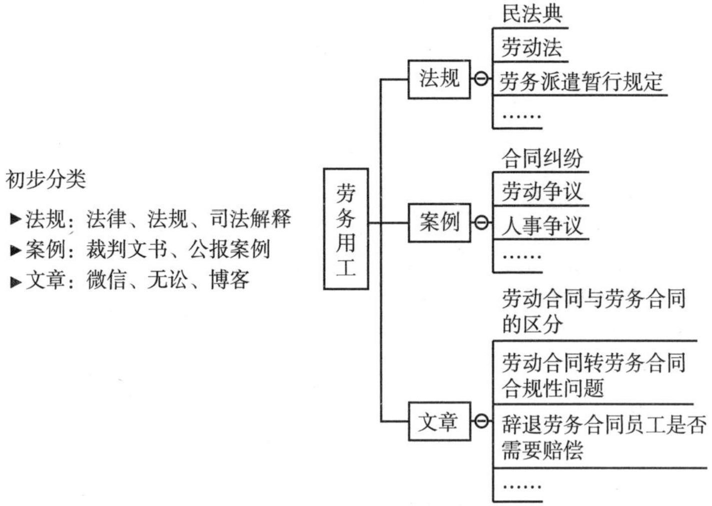

图 1　专题归类初步分类示意图

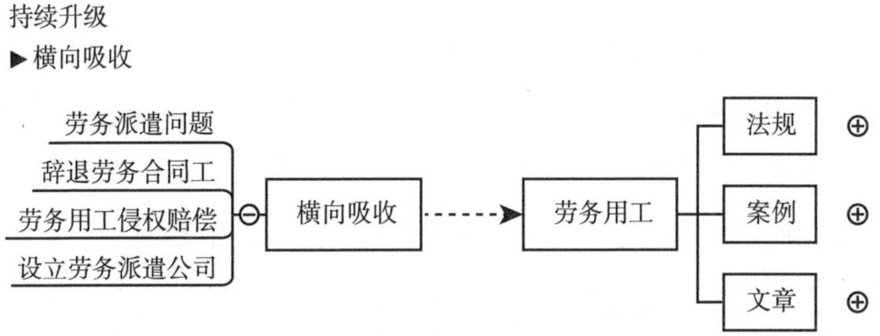

图 2　专题归类持续升级横向吸收示意图

随着个人积累，某个专题下的内容远远超过其他专题，这时候可以考虑对专题内的笔记进行再次细分，形成同级专题，比如“劳务用工”中的“劳务派遣”“劳动用工”这两个问题处理、资料比较多，我会新建两个文件夹作为与“劳务用工”并列的专题，下面同样包含“法规、案例、文章”三个次级文件夹，然后将与之内应的内容移动到新专题下——这是一个专题的横向衍生，如图3所示。

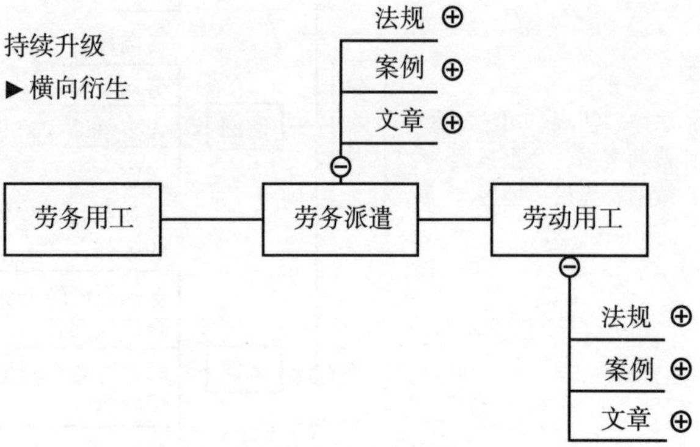

图3　专题归类持续升级横向衍生示意图

当同一个专题横向衍生出三个之后，比如由“劳务用工”，衍生出“劳务派遣”“劳动用工”两个同级专题，那么我就会将三个专题文件夹再归入一个上级文件夹，比如叫作“劳工管理”，从小类再归到大类——这是多个专题的纵向升级，如图4所示。

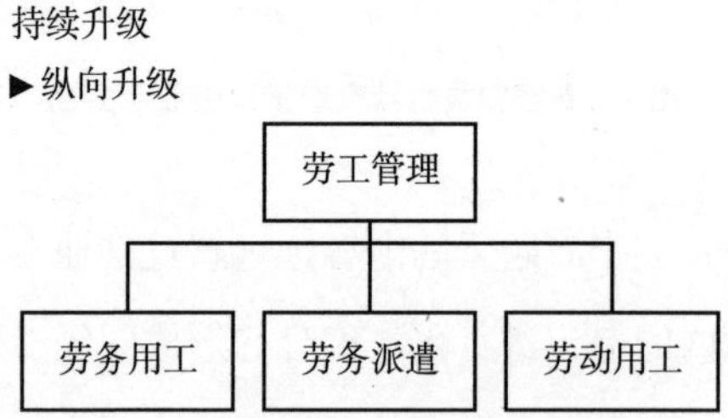

图4　专题归类持续升级纵向升级示意图

经过一段时间的梳理，我们就可以得到多个金字塔结构的专题体系，每个专题的层级可能不同，但是都遵循“法规、案例、文章”这样的基础结构向上堆叠，结构清晰明了。

随着实务经验增加，以及对某个经常接触行业认识加深，某些节点有了自己的认识、领悟，想要通过文字进行提炼、梳理，这时来写文章就会是个相当愉快的过程，因为收集、整理、分类专业知识素材的工作，在处理业务的时候已经完成，并且形成了结构、层次分明的体系。

以上在做的工作，其实就是从一个微小的节点入手，以专题的形式积累，形成一个有体系的专业知识结构，再加以吸收，吃透其中的节点，最后不但能够熟练运用到专业工作中，还能够进行提炼、总结，输出成内容——所谓以点破面就是这么个过程。

印象笔记的“标签”功能也值得一提，通过“标签”可以穿透文件夹的分类层级，实现对笔记的多维度管理。举个例子：

我收集法律法规笔记时，除了按专题归类外，同时会对每个笔记打上一个名为“法条”的标签。云笔记的标签功能，能够将位于不同文件夹但是拥有同样标签的笔记筛选出来，于是可以实现对所有保存过多法条的笔记，配合云笔记标签和搜索功能，进行全文检索。这样做有三个优势：

其一，我可以用一个关键字把相关的法条全部检索出来，而一般我们以Word文档收集的法条，在使用的时候只能一个一个翻找，效率太低。

其二，我每次使用法条笔记的时候，顺便将要点用字体颜色或字体背景进行标记，再次翻看，关键信息一目了然。

其三，这些法条，是根据我个人的业务范围、使用习惯进行的动态收集，构建了一个自己专属的法规包，积累一定时间之后，主要业务范围内的常用法规，基本不用再到数据库检索，可提升工作效率。

（二）写作积累

随着信息传播速度提升、信息传播载体普及，写作对于以服务为产品的律师而言，是一种成本极低而效果颇好的营销方式，并且内容一旦产出，能够持续发挥效果，会不断向读者传递你的观点、思路，展示你的思维、能力。其中若有足够的专业度支撑，不难获得业内外认可、制造连结点，进而衍生出业务机会。

大部分律师并非“不能”写，而是“不会”写。律师长日与客户、当事人、法官沟通，久经锻炼，表达能力不是问题；平时挂在手边的法律文书审批、草拟，诉讼策略的制定、梳理，与客户分析的逻辑、思路，无不是结构完整、逻辑清楚的优质内容——律师已经有了很好的思维配备，无非缺少一种书面表达的习惯养成。

下面具体来讲如何利用印象笔记进行写作积累，这里采用的文件夹结构为“思路、编辑、版本、发布”，它们可以归到一个上级文件夹“写作”。

“思路”文件夹，用于存放记录你思路碎片的笔记，这是刻意写作练习的开始。内容不需要完整，比如对某个法规的几条理解、对某个新闻的几句评论、对执业过程中小经验小技巧的记录，不管字数多少，先把它输出成文字，这种碎片化的输出方式接近语言表达思路，十分容易上手。

“编辑”文件夹，用于归拢或者扩写“思路”中的片段。一段时间后你就会发现某些思考片段都是关乎某个主题，这时就可以把同类的片段汇集到一篇笔记；比如都是关于“劳务派遣”中一些风险的思考，那就可以将片段进行逻辑梳理、衔接，然后从此前的专题“金字塔”中寻找法规、案例作为支撑素材，一篇完整的实务文章新鲜出炉。

“版本”文件夹，用于文章的断点、打磨。内容稍多的文章，很难一气呵成，可能写到一半思路断了，没关系，复制一份放到这个文件夹，笔记名前面加日期，做一个版本保存。再次动笔的时候，新建一个版本的笔记自由发挥，将不满意的段落全删掉，加入很多新想法，甚至对结构大改。这样可以降低心理压力，让你一步一步地推进写作进度，一篇文章更迭三四个版本也就差不多成稿了。

“发布”文件夹，用来存放已经公开的文章。把已发的文章全部归到这个文件夹，可能复用这个内容，或者整理成其他的形式，向不同的渠道投放，定稿统一保存方便查找。

（三）素材收集

相对于阅读原始、系统的书籍、文献资料而言，微信公众号、微信朋友圈上的内容碎片而不成体系，哪怕是干货满满的实务文章，能够吸收到的东西也有限。因为你只是内容的消费者、过客，未能参与到作者形成这篇文章背后的研究推理、资料查阅、思路形成过程。

我们完全可以把这些碎片阅读整合到写作素材库中，以一名编辑的心态来审阅、采集内容，换一种心态来阅读、思考，就能逐渐看出作者切入话题的角度、行文采用的框架等“背后”的内容，从一个内容消费者的角色往内容生产者的角色转变。这里就可以用到云笔记的“收藏”功能，帮助我们聚合碎片阅读中有价值的内容。通过手机应用、电脑端采集的文章，我们可以登录电脑端的印象笔记进行同步。

完成采集后，还有两个重要的步骤必须完成。第一，对所采集的文章进行分类归档，方便后续查阅、参考。第二，进行精读，用印象笔记的字体颜色、背景颜色做标记，同时记录自己的感悟，形成“思路”文件夹中的碎片，储备文章写作素材。

（吴皓）

法律大数据运用及营销价值

（一）“法律大数据”对律师究竟有什么用？

裁判文书上网、iCourt等机构对法律大数据的培训/宣传/工具推动，让很多律师/团队都有试水过研发自己业务方向的大数据报告。但法律大数据研究给我们带来的业务屈指可数，少数几单与之相关的业务，前提因素构成也很多，达不到法律大数据作为营销工具直接获客的理想效果。我们不禁疑惑：“法律大数据”对律师究竟有什么用？或者更直接的问题是：为什么有的律师能够用“法律大数据”促进业务，有的则叫好不叫座？

有一家J律所，他们有设置专门的法律大数据部门，在负责定期发布法律大数据研究报告外，还为律师去谈客户出具专项报告。J律所将“法律大数据研究”作为律所的常态工作。比如每周、每个月，不同专业部门都会发布最新的法律大数据报告；比如在每一次法律服务中，如果场景适合，都嵌入“法律大数据”。让客户、同行觉得，“法律大数据”就是这个律所的标配，是这个律所、律师提供法律服务的常规能力。

大标的诉讼，在诉讼方案中就包含了对诉讼策略、办案法院/法官、争议事由的大数据分析，在谈案的时候搭配图表对客户展示，会取得比较好的效果。某个专项服务/投标，就服务需求对应的一些法律风险、问题走向，提前进行大数据分析，在与客户讨论的时候直接引用数据论证必要性，说服力直线上升。

要实现上述常态运用法律大数据，如果让律师来负责生产，无论时间成本还是人力成本，都非常高，短期内投产比非常失衡。J律所成立“法律大数据部门”，看似需要长期保持1—2人来从事非业务工作，但能够实现高度专业分工。随着大数据部门与律师业务部门的工作磨合，每个部门都可以常态化地发布自己业务领域的《法律大数据报告》，树立专业形象。具体到每宗业务，都可以由大数据部门协助制定非常具体的分析报告，作为非常精确的营销工具帮助律师获客，关键是律师还不必为此单独投入时间精力。

从营销层面而言，持续、高频是非常重要的因素。持续对外释放信息，才能保证营销效果的堆叠，强化客户对律师专业的认知。解决上述问题，有两个思路供大家参考：其一，在律所/团队内部进行大数据部门这样的专业分工，通过协作来分担研发压力，而这需要同时有内部成员架构、薪酬制度的支撑。其二，通过一些知识管理工具来进行平时的法律数据积累，并以项目管理的思路梳理一套标准作业流程，加快每次研发的效率。

另外，法律大数据的营销效果不好，还涉及整个运营系统搭建的问题；单点运营效率是很低的，而通过系统则可以帮助我们充分利用每份内容的营销价值，成倍放大其影响力。

（二）《公司股权纠纷研究报告》的制作经验

我所在团队专注于公司股权法律服务，每年都会进行公司股权纠纷专业研究，并发布书面报告。

1.紧密连接

每年的研究报告成型，得益于紧密的团队协作。我们的团队成员一直稳定在10人以内，扁平管理、无碍沟通、分工协作，高效率地完成业务或运营项目。以一次研究报告编撰为例，我们主要选取与公司有关纠纷13类案由，每位团队成员负责1—3个案由相关的裁判文书阅读、提炼、内容撰写；同步开工，交叉审阅。

同时有一位项目负责人来统筹整体进度，并搞定初期的素材收集、任务排期，后期的排版印刷对接等辅助事项，节约其他团队成员的时间成本，并将整个项目周期压缩到1个月左右。

这项工作如果由独立律师来完成，在同等素材数量及内容质量前提下，项目周期至少会增加到3个月，时间成本对独立律师难以承担，且发布时间的延后将大大折损宣传效果。

2.运用工具

高效率的协同工作得益于我们合理运用工具。我们团队的工作沟通与协作，都集中在线上协作工具Tower上。

我们制定了团队成员进行任务分工、沟通记录、成果交付的统一规范，同时梳理出常规项目的标准流程，使团队成员可以随时获取项目信息、项目文件，大幅度降低沟通成本。本次研究报告，我们将之拆分为内容组织、排版印刷、分发营销三个板块。每个板块会有详细的任务分工及作业指引。

3.迭代更新

专业研究带来团队成员、品牌的成长，得益于我们不断迭代改进。几乎每年的《公司股权纠纷研究报告》编撰，我们从内容体例、协作模式、产品定位上，都有所优化迭代。

早期研究报告，我们主要着眼于法院裁判观点及引用法条的归纳，可以帮助团队成员建立起对于公司股权纠纷相关的法律思维、法条框架体系，内训效果很好。

后来一系列公司法司法解释出台，很多此前存在争议、法官自由裁量空间的点，有了明确具体规定，团队成员的专业基础也差不多具备，于是进行了调整。我们开始将研究报告的产品定位由内而外迁移，更多地站在客户角度进行公司股权纠纷裁判文书研读，反过来提炼、告诉客户，在公司经营、商业交易中高频发生的法律风险点以及防控或诉讼策略。

同时对研究报告再次进行大幅升级，进一步缩减数据整理、复制粘贴工作，更深度、更大篇幅地撰写专业法律分析和建议内容，让报告本身对客户产生价值，同时让团队的专业能力显露头角。

（吴皓）

律师协作与法律产品研发

（一）律师与协作工具

Tower是一款项目协作管理软件，服务超过75万团队和企业用户，但后来没有在律师市场主推，因为经过调研他们发现：项目协作和管理并不是律师的刚需。这个结论令我非常意外。

我问Tower的工作人员为什么？回答是他们接触了很多律师和律所，其中也有使用Tower并且成果出众的律师用户，但更多律师处于单兵作战的状态，即便有一些临时性的团队组合，也会随着案件或项目的完结而回归分散状态。他感叹律师太独立了以致不需要协作。得出这个结论可能对律师行业状况的了解不够完整，从我的角度观察应该有两点需要补充：

1.律师是否单兵作战，取决于业务类型和业务规模

在诉讼领域，若非遇到群体辩护、批量诉讼这类特殊情况，一般是一名律师完成业务，即便最多再配一两个助理，但核心的业务工作还是会由主办律师承担。在当事人的角度来看，也会从信任、专业等各个因素出发只认可这位律师，所以确实只能单兵作战。

而在非诉领域，团队作业则成为常态。比如常年法律顾问、商事业务领域的律师团队，一般都会有20家左右的常顾单位，基本需要配置3名律师来做好日常维护。又比如公司并购、投融资等非诉业务，涉及大量的前期调查、资料梳理工作；再比如公司破产、重整，涉及大量债权申报审查、资产调查处置、会议组织、债权诉讼等工作；更不要说上市、基金、PPP等金融业务，以上的这些业务都是需要以团队为单位投入人手。当然，需要团队作业，与需要团队协作，在概念和实践上都是两码事。但良好的团队协作可以提升团队作业效率、降低团队作业的时间及人力成本，所以从质效的角度讲提升团队协作可以算是开展非诉业务的刚性需求。

2.协作可能不是律师刚需，但产品一定是

不少人选择律师职业的原因在于工作时间自由，所以每当提到协

作和管理，很多律师就会有一种本能的抗拒。但律师的日常工作也有一个很大的痛点，就是法律业务对律师个人具有极强的依附性：每个案子，都需要亲力亲为，而人的时间和精力有限，将法律服务进行产品封装，则在一定程度上能够帮律师突破这个“个人时间精力有限”的“瓶颈”。

如果把律师视为一个经营主体，那么律师与公司同为经营主体的一大区别就是传统模式下法律服务没有产品库存，只能接单后才生产。涉及重大标的案件，或者陌生业务领域，律所主任可能就得亲力亲为。而如果我们将高年级律师办理特定领域业务的法律文书成果、实务操作流程、应对特殊问题的经验，全部打包整合，以合理的逻辑结构呈现，低年级律师（甚至非律师）就可以依循此前的知识经验进行实务操作，来完成一项业务中60%以上的基础工作。这样就能够让法律服务产品不再依赖特定律师，让高年级律师有更多时间投入管理、研究工作，产生更多的价值。

但法律服务的产品封装，又离不开前置的知识管理，更需要借助协作系统软件将律师业务办理过程中的数据沉淀下来。所以律师可能不需要协作也不想协作，但为了一定程度上创建独立于律师且能创造价值的法律服务产品，则律师必须通过项目协作和管理来积累产品的原料。

（二）工匠精神与产品思维

产品思维的内核，在于“将一份时间重复出售多次”，从而产生规模效应、降低边际成本，实现“劳动时间外收入”。

律师所秉持的“工匠精神”，则追求每个业务的精雕细琢，以获取客户口碑，经过长时间积累，形成稳定客户流量，这种模式将导致三个结果：其一，客户只认准某位律师，所以但凡到达某个收费标准的案子，主要律师必须要亲力亲为，才能让客户放心，同时也才能保证结果质量，维护长久的口碑；其二，由于亲力亲为的要求，所以主要律师的时间必然耗费在每个案子之中。而律师个体的时间每天只有24小时，“产量”难以提升，做不到无限供给，即便业务中客户给的单价再高，总营收也会受到客观“产量”限制；其三，主要律师完成的案件，从过程来看，是不能称为“产品”的，只能称为“作品”——不管如何精巧，也只能完成单次销售，无法复制。

传统律师服务所出售的商品，实质上具有极强个人特性的法律实践经验和专业知识服务，所以有时候我们会很自然地认为流水作业、标准产品过于简单粗暴，不符合法律知识分子的营生之道。

其实，如果要将法律服务进行产品化，就必须要解决流程管理、团队协作、整体营销、薪酬体制等诸多问题，是一个周期漫长的复杂系统工程。律师的工匠精神向产品思维转化，并非下降业务质量档次，而是主动地解决效率问题、组织问题、品牌问题。从产品化的角度考虑，普通、规则业务（如婚姻、交通、劳动、工伤、民间借贷等）产品化的门槛较低，实践较多，并且因为市场需求大、频率高、营销难度低，所以流程容易梳理。高端、复杂、个性业务（如破产重整、股权收购、股权纠纷等）并非没有产品化的可能，只是需要对其中的模块进行拆分、梳理；其中一部分核心工作需要高年级律师完成，但比重可能不超过整体工作的30%，剩余工作都可以由低年级律师按照既定流程、操作规范处理。

当然，上面只是对法律产品内部的流程管理、团队协作部分进行分析。对外还涉及对产品进行包装，以达到让客户感知、获得客户认同的目的，具体的做法是将产品服务流程、服务思路进行可视化展示。所以法律产品的产品营销和知识储备应该齐头并进，前者做好了能够获客、增加营收，后者能够提升服务质效、决定持续获客能力。

律师的工匠精神让我们精益求精追求每个项目的品质，产品思维则要求我们在此过程中“外化、固定”完成每个项目的程序、思路、知识等，并将这些“素材”进行包装、营销，实现重复售卖，逐渐脱离与某位高年级律师的人身性绑定。工匠精神与产品思维并不矛盾，后者能够帮助前者实现四个目标：提升业务办理效率、增加某个特定专业方向的持续获客能力、摆脱专业业务的人身绑定关系、解放高年级律师的生产力。

（吴皓）

后记之一·东方欲晓

作为一个本硕都是学习法律的丽江人，我硕士毕业后自然而然地便回到了丽江开始了律师执业。在执业过程中，我发现中小城市的律师成长是很不容易的，既要应对日新月异的市场竞争，又要摸索着摸爬滚打提升执业能力，而且也很难有针对中小城市青年律师的职业规划、职业成长课程和培训体系。随着自己的“野蛮生长”，我日益觉得需要更多的沟通和交流，来优化自己做好小城市律师的职业规划和职业成长思路，顺便克服执业过程中与日俱增的孤独感。

在与硕士同门师兄弟吴皓的交流中，我们发现我们都很关注中小城市青年律师的职业发展和面临的竞争趋势，但因为所在城市和执业状态的不同，导致我们往往针对同一个问题在同样逻辑下产生差异性较大的结论，甚至很多时候一时不能理解对方的观点。我在2019年探索法律服务产品化的过程中，多次与吴皓沟通交流，随着交流的频繁，我们不约而同地想到了共同写作一本关于中小城市青年律师成长的书。当时我们写作这本书的初心是这样的：

第一，中小城市的青年律师是一个很大的群体，但是市场上针对我们这一群体定位的书籍并不多，特别是在职业规划和职业成长方面，所以我们才会在前几年不约而同地写作了很多关于中小城市青年律师职业规划、职业成长方面的文章来回答自己的困惑，所以“抛砖引玉”的“率先”厚颜写作还是有一定的先发价值。

第二，作为中小城市的青年律师，虽然没有大城市执业律师让人听起来觉得那么高大上，但这并不妨碍我们扎扎实实做一名好律师。我们通过分享自己真实的经历和感受来和同样处境的青年律师们进行沟通也是很有意思的事情，我们的尝试也许未必会是对的，但通过文字的分享能给感兴趣的朋友带来一些启发便是写作本书的价值所在。

第三，我很赞同吴皓和我沟通时的一个观点，也就是现在不写作关于中小城市青年律师职业规划、职业成长方面的文字，再过五六年就没有这样的心力和动力了。正是因为我们从执业到现在每天都反复思考自己应该怎么做、应该怎么规划、应该怎么自我提高，在这个阶段写下这些文字恰恰是最合适的时候。所以，在对以上三点进行了多次沟通并达成一致后，我们斗胆开始了本书的写作。

如实的陈述和坦诚的交流是我们在本书中对于职业规划和职业成长以及自己一些敝帚自珍的执业思路和执业技巧进行写作的唯一要求，就如同人类学的田野调查一般，作为真实在中小城市执业的律师，真实的描述便具有相应的力量。每一次在文档里长夜行军时，我总是希望能够和志同道合的人尽兴交流，但是在繁忙的执业过程中却是机会难得。所以通过鲜明的主题——中小城市青年律师职业求索来抛砖引玉，希望能和诸君做一次深入的笔谈，亦是快事。

除了对于中小城市律师职业规划、职业成长的关注外，在本书的写作内容中和我个人的执业过程中，将法律服务产品化和法律风向预防相结合是我发展的核心思路，并会在积累足够后向立足本地的专业律师方向发展。这也是源于我自己的亲身感受，一方面，我越来越感受到强迫症是律师必有的职业素养和必得的职业病，律师必须终日乾乾，夕惕若厉，才能无咎；另一方面，我越来越感受到虽然法律服务市场不断发展，但仍然难以有效回应普通人不断增加的日常法律风险预防需求。特别是一些比较淳朴善良的当事人，在寻求法律救济时往往因为事前没有进行法律风险预防而导致发生纠纷时陷入维权难度大、救济成本高的困境之中，而使他们陷入生活难关的也往往是租房、买车、借贷、旅游等偶发、被动的纠纷。

由于法律风险预防意识的欠缺，他们的困境即便通过法律渠道解决也需要担负沉重的各项成本。但是即便有一部分人认识到了事前预防法律风险的高性价比，有了一定的法律风险预防意识，从法律服务市场的实际来说，对于普通人的日常法律风险预防需求并没有太具有“性价比”的法律服务或者法律产品进行有效的回应。即便现在正在兴起的法律人工智能产品也多是回应已经陷入纠纷当事人的应诉需求。而对于个人来说，即便想通过获取法律服务或者通过自学来预防个人日常生活中的法律风险，对其个人综合素质也有一定的要求，是必须具备一定的生活常识、法律常识、诉讼常识和签约常识的。否则即便遇事时通过熟人找了律师朋友询问，也往往会陷入“我问你一个问题，你问我十个问题”的不忿中，进而懒得管那么多就先干了再说。更何况，律师朋友“随便看一看”的工作量其实不是那么“随便”，即便律师朋友愿意帮忙，但往往让人帮忙“随便看一看”的人也难以认识到其中的价值，真的是在用一种无所谓的态度随便试试看。又或者请求帮忙的人拿到了律师朋友“随便看一看”的成果，因为缺乏对其服务的判断能力，便觉得如此麻烦和危言耸听是不是律师又在创造业务了？于是，也就让这些法律意见随风飘过了。好在随着社会经济的不断发展，与陌生人、陌生主体之间的经济来往越来越多，吃亏的人越来越多，找律师时说，请朋友帮忙“随便看一看就好”的人也越来越少了。

当然，批评别人时理应先自我批评，但考虑到文章的布局我便把自我批评放到此处，希望诸君见谅。自我批评的开始，首先，便是律师作为专业人士，为什么不理解当事人会有一种找个律师朋友“随便看一看”想法。对于这一问题，我对自己的批评是同理心、同情心和服务意识不够。我认为，虽然个人在日常生活中的法律风险预防需求日益增长，但现状下面临的法律需求仍然具有偶发性、被动性的特点，指望偶尔事到临头找律师的普通人能很理解律师的工作是不合逻辑的。更何况，普通人对律师的不熟悉、律师的社会评价复杂和律师服务价格的相对高昂又导致了一种本能回避和不信任的心态。所以作为普通人而言，感觉到了似乎我应该找个专业点的人帮我看看会不会出问题，但这种感觉也只是一种模模糊糊的直觉，并非不看不行的刚需。作为提供专业法律服务的律师，理应理解普通人的这种困境和不易，力所能及地帮助他们，而非是冷漠自矜想办法打发不能转化为案源的访客走人。因为在法律专业人士之中，律师理应是最有服务意识的，而具有服务意识的一个重要标准便是保持同理心和同情心。

其次，一些律师朋友为什么不够朋友地不愿意“随便看一看”。对于这一问题，我对自己的批评便是工作不够用心。理由很简单，因为找我“随便看一看”的朋友很多，但我一直没有很好地解决这一问题。往往要么陷入不够朋友的感情痛苦，要么陷入我确实是靠时间赚钱帮这个无偿的忙真的是夺我钱财的心灵痛苦。而且，当我秉持着要么不帮忙要么按照专业标准帮到位的理念提出明确详细的法律意见之后，却发现自己“咬牙”帮忙的朋友不那么够朋友的“我只是请你随便看一看，虽然谢谢你的帮忙，但这么复杂我还是按我的想法来吧，改天请你吃饭”。遇到这样的朋友而且收到上述类型的回复后，虽然自己只是应邀“帮帮忙”，但因为我对自己的执业要求，我便又不得不陷入一种吃力不讨好的自我折磨中：“即不管你听不听，出于专业的要求我必须要马上书面形式告知你可能的法律风险，出于友情的真挚我必须要再劝一劝你要保护好自己。”那么，对于工作中必然会遇到的此类困境，如果一名律师一而再、再而三地陷入不是感情痛苦就是心灵痛苦的两难之中，就说明工作不够用心，不能踏实有效地解决实际中的问题。

最后，既然律师职业生涯漫长，上述问题又是律师会经常遇到的，律师朋友为什么不能高性价比地解决这一问题？对于这一问题，我对自己的批评是职业化不够、法律产品意识不足。对于普通人为预防日常生活中的法律风险而寻求的法律服务，我认为大家希望得到的是简单明了、成本不高、效果良好的法律服务。对于律师来说，因为要解决一个法律风险预防类的法律咨询，在和当事人建立初步信任的基础上，至少要解答诉讼风险、诉讼成本、合同常识、签约常识、此类合同的常见风险和解决方法并尽可能考虑合同目的和博弈态势，所以律师面临此类法律风险预防类法律咨询的需求，我认为是希望能不占用太多时间地进行回应，并且这个回应能够负责任、有质量地解决问题，而不是敷衍了事。在认真思考以上的问题描述和需求分析后，我个人认为自己之所以在一开始没有解决好此类问题，是源于没有开发好一个针对性的法律产品，能够快速有效地回应此类咨询，从而使自己陷入低效的重复工作之中，也就是职业化不够、法律产品意识不足。

基于上述的思考，我执业至今花了很大的精力在形成法律风险预防的法律产品方面，并把其中的一些成果作为自己结案流程中的有益组成部分。同时，在“创作”这些法律产品的过程中，也促进我不断优化执业活动中的规范化、产品化和可视化问题，并将这些尝试和思路写入了本书的第三部分之中。当然，我知道，莫道君行早，更有早行人，写作本书这些较为朴拙的内容也是为了更好地和大家做一次坦率的交流，也对自己跌跌撞撞的执业求索做一次阶段性的总结。

道阻且长，东方欲晓，愿与诸君一同溯洄从之。

熊震

2022年4月2日于丽江

后记之二·奔向大海

《海贼王》是我极喜欢的动漫，我个人公众号推文结尾都会引用剑豪索隆的一句台词：“才能通过积累而来，乃为世上常有之事。”这是我的座右铭，路飞团队遭遇暴君大熊，在绝对实力碾压面前，索隆说，“找借口的话就会有人来救你吗？”我觉得很像律师职业生涯，有些困难我内心几乎觉得自己永远无法跨越，但最后却坚持下来，过两年回头再看，之前的障碍在视野里越来越小。

索隆可以说是《海贼王》中最勤奋的一位角色，日常剧情都是在做各种各样的训练，让我觉得他的实力、成长、爆发非常踏实自然。我自认不属于那种天资聪颖的人，但我敢说是比较努力的那拨人；所以虽然没有特别耀眼的成就，但坚持不懈匍匐前进，把时间周期拉长对比，还是有显著进步，这就是我的“道”。

索隆是我最认可的角色，但不是最让我有共鸣的角色；因为他的人设内心坚毅、行事果敢，与真实的我完全相反。让我最有带入感、最有情感共鸣的角色，是路飞船员中最怂的一位——乌索普。

乌索普决定出海加入路飞团队的剧情，是我最感动的一集。因为我跟他很像，有很多时间生活在风平浪静中，给自己编织美丽谎言，能力其实很糟糕，遇到一丁点困难，就害怕到两腿发抖，满心想着逃跑躲藏；在后来的旅程中，经常退缩懦弱，自卑忌妒，也经常掉链子出故障，闯祸把事情搞砸；即便如此，还是义无反顾地出发了，哪怕极度缺乏安全感，所以准备了一大包后来其实用不上的行囊，跌跌撞撞的启程。

我有段时间比较迷茫，朋友送我一句话，是创业的时候别人告诉他的“跳下去，让水教会你游泳”，他说最担忧的只有自己不够专注和投入，其他不在考虑范围。想想自己入行以来，从最基础的合同修订，到维护顾问单位，到非诉谈判、诉讼开庭；从听众到分享，从读者到作者，从专业学习到专业培训；从业务辅助，到业务支撑，再到团队运营官、技术官；确实一直处于快速学习、快速转型、不断去挑战尝试的状态，让自己掌握与复合了一些未曾拥有的能力。

每个人心中都会有自己的“OnePiece”，但并不是每个人都会选择赌上一生去追寻，也不是每个去追寻的人都必然得到结果。乌素普那天一跃而上，自此风吹浪打，胆战心惊，但我觉得他不会后悔。

出航吧，奔向大海！

吴皓

2022年4月2日于昆明

致谢之一

在与吴皓合著的本书即将出版之际，心中既有丑媳妇终于见公婆的惶恐，也有很多的感慨。但本书能够出版并不是我一个人的功劳，除了感谢与我一同在繁忙工作之余咬牙挑灯夜战的吴皓外——我们思维的碰撞和共同的奋斗是孤独律师路上的精彩一段，他对律师专业化和趋势的观点每每让我眼前一亮，特别是我们每次交流必然出现的答案差异性让我获益良多；还要感谢在背后默默为我付出的很多人，我要在这里对他们表示最真挚的谢意。

感谢我的父母、弟弟和亲人，他们不仅一直以来尊重我的选择，而且也正是在他们的鼓励和支持下，我才能完成本书的写作。感谢我的外公，他的实干精神和奉献精神对我影响很大，使我获益良多。感谢我的妻子，她的默默支持和分担让我在繁忙工作的同时能有余力进行本书的写作。

感谢黄家镇老师对我写作的指点和帮助。黄家镇老师不仅在学术上造诣深厚、成果显著，而且也是西南政法大学师兄师姐向师弟师妹良心推荐的口碑老师，能向黄老师请教使我获益匪浅。感谢李雁老师对我的教导和帮助，使我受益颇多，一直感念在心。感谢叶亮老师的教导和关心，使我常常反思，不断改进。

感谢各位指点和支持我写作的长辈，你们的帮助使我在写书和为人处世上都受益匪浅。

感谢沈寿文老师的教导，沈老师的人品和学术是我毕业前、毕业后都一直敬佩的，我对能在喜欢使用批评性引注的导师教导下完成学业也深感荣幸。感谢王鑫老师、王启梁老师、玛利亚老师、周勇老师对我的教导和帮助，使我能够顺利完成学业。

感谢云南云勇律师事务所田学勇主任、和丽星律师和其他全体成员在实习期间对我的指导和帮助。感谢云南新秀律师事务所全体成员在执业期间对我的帮助和支持。

感谢我的老师、同学和各位朋友们的关怀和帮助。感谢袁家兴师兄对我的支持和关心，感谢李京霖、赵云曙等校友对我写作事业的支持。

感谢每一位读者朋友，祝你们一径长途，行则将至。

熊震

2022年4月2日

致谢之二

本书能够面世全靠熊震一手推动，虽然自己之前写过一些文字，但个人执行力弱，编撰成书遥遥无期；通过与熊震合著，就像跑道上有人领跑一样，帮助我完成了一次自我挑战；此处更大的收获是，在筹备期间的大量沟通，让我从熊震身上学到全新的思路方法，对下一步职业发展大有裨益。

与熊震合著本书，是我职业道路上的精彩一笔，而在漫长的律师之道上，还有很多给予我支持和帮助的平台、机构、公司、亲朋好友、师长同事。感谢我的父母、亲人、朋友，他们在背后默默支持和付出，帮助我解决生活中的诸多困难，让我可以在执业期间不用承担太大压力，而得闲暇去学习、交流、思考，方有今日写作本书的基础。

感谢我的研究生导师沈寿文老师、本科导师韩小茜老师，感谢刘国乾老师、李从芬老师、杜靓老师；感谢我在律所的业务指导老师汪源律师、陶淑娟律师。因为这些师长的悉心教导，才让我得以顺利完成学业，并在职业发展中取得些许成就。

感谢云南八谦律师事务所，我职业生涯的起点，已有30年砥砺传承的本土大所，在前人搭建的宽广舞台上，像我这样青年律师，才有了在行业中积累、成长的珍贵际遇和空间。感谢八谦公司股权事务部的诸位同人，有幸与大家并肩作战；本书大部分内容，都来自我与团队共同成长过程中积累的经验。

感谢智合、智善、无讼、律新社、律政头条、熊猫法律星球……他们提供的法律新媒体平台和编辑约稿，是我码字生涯的起点；感谢律品、元典、法蝉、法天使、青狮营、印象笔记、Tower……他们提供的工具与合作机会，让我在技术派律师的道路上有所依托。

感谢比例线股权团队和罗毅律师，与他们的深度合作，给我带来团队协作、知识管理、产品运营、工具使用等方面的思维革新，本书中很多内容的思路体系，正来源于这个行业内探索在前沿的优秀团队。

最后，要感谢本书的每一位读者。本人才学浅薄，所思所想必有诸多不足之处，感谢大家依然支持本书，更欢迎大家不吝指教交流，共同成长。感恩！

吴皓

2022年4月2日